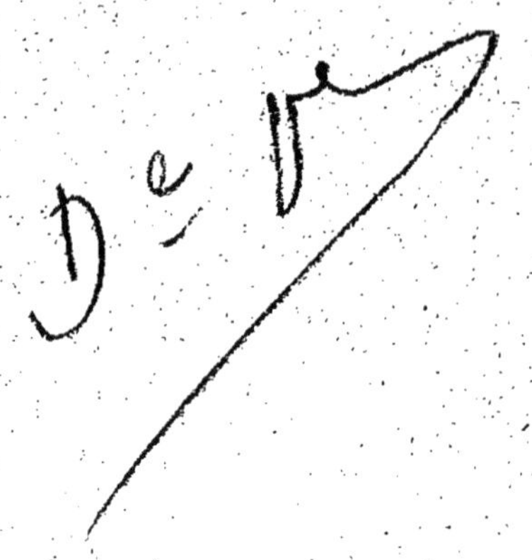

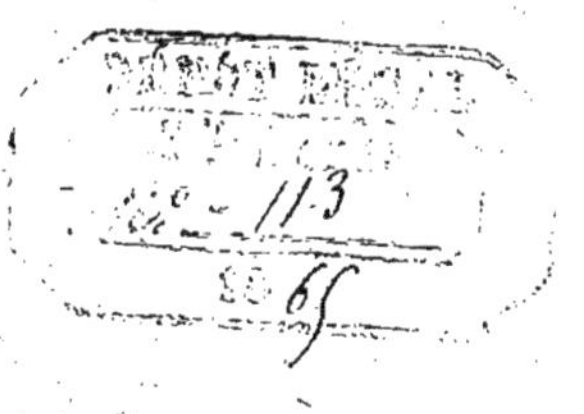

LE

DROIT DE LA GUERRE

ET

DE LA PAIX

SAINT-DENIS. — TYPOGRAPHIE DE A. MOULIN.

LE

DROIT DE LA GUERRE

ET

DE LA PAIX

PAR

GROTIUS

DIVISÉ EN TROIS LIVRES

OU SONT EXPLIQUÉS LE DROIT DE LA NATURE ET DES GENS
ET LES PRINCIPAUX POINTS DU DROIT PUBLIC

Nouvelle Traduction

Précédée d'un Essai biographique et historique sur Grotius et son temps
ACCOMPAGNÉE D'UN CHOIX DE NOTES DE GRONOVIUS, BARBEYRAC, ETC.
COMPLÉTÉE PAR DES NOTES NOUVELLES
Mise au courant des progrès du Droit public moderne
ET SUIVIE D'UNE TABLE ANALYTIQUE DES MATIÈRES

PAR

M. P. PRADIER-FODÉRÉ

Professeur de Droit public et d'Économie politique au Collége arménien
de Paris, Avocat à la Cour Impériale.

TOME PREMIER

PARIS

LIBRAIRIE DE GUILLAUMIN ET CIE

Éditeurs du Journal des Économistes, de la Collection des principaux Économistes
du Dictionnaire de l'Économie politique, du Dictionnaire universel du Commerce et de la Navigation, etc.

RUE RICHELIEU, 14

1865

Grotius a dédié son livre à Louis XIII.

La première traduction française qui en a été faite a été dédiée à Louis XIV, par le neveu du traducteur, M. de Courtin.

Une édition latine, publiée en Allemagne avec des notes de divers savants, a été dédiée à l'empereur Léopold.

Un savant allemand a présenté son commentaire de Grotius à Guillaume III d'Angleterre.

Barbeyrac a offert sa traduction à Sa Majesté Britannique Georges Ier.

Ils avaient reçu, sans doute, quelques bienfaits de ces puissants de la terre, et ils exprimaient ainsi leur gratitude.

J'ai voulu comme eux m'acquitter d'une dette de

reconnaissance; mais ayant cherché envers qui j'étais redevable dans ce monde, je n'ai trouvé que ma mère, et je lui dédie mon ouvrage.

P. Pradier-Fodéré.

AVANT-PROPOS

Peu d'ouvrages ont été plus célèbres que le traité du *Droit de la Guerre et de la Paix* de Hugo Grotius ; peu de livres ont été plus fréquemment cités, non-seulement dans les siècles qui ont précédé le nôtre, mais encore par les publicistes du XIXe siècle. Et cependant, je ne craindrai pas de le dire, Grotius n'a point encore été lu par des lecteurs français. A l'exception des savants qui l'ont étudié dans son texte latin, la plupart des auteurs qui ont écrit sur la philosophie politique ou sur le droit des gens, n'ont reproduit sa pensée que d'après Barbeyrac, c'est-à-dire d'après un calque, et non d'après une traduction. Bien que la lecture de l'original latin soit d'un grand attrait, l'usage de lire et de citer Grotius dans la paraphrase que Barbeyrac en a faite a prévalu généralement, et il en est résulté que le traité du *Droit de la Guerre et de la Paix* a été le livre le plus cité, et le moins connu.

La traduction de M. de Courtin, publiée au XVIIe siècle, avait du moins le mérite d'une assez suffisante exactitude. Ce ministre de la cour de Suède avait la conscience des devoirs d'un traducteur. « La traduction, disait-il excellemment, est la même chose que l'enluminure. Il ne suffit pas, pour bien enluminer, de suivre l'estampe et de rendre espèce pour espèce, c'est-à-dire de ne pas faire un homme pour un arbre ; il ne suffit pas de démêler les choses qui se perdent les unes dans les autres ;... il faut encore suivre la pensée du graveur, garder partout son économie, afin que l'œil voyant beauté pour beauté, croie voir au naturel les choses mêmes qu'il ne voit que sur le papier... » « C'est pour cette raison, ajoutait-il, que l'on a voulu se tenir près de l'auteur, et comme le suivre pas à pas, autant que l'a pu permettre le génie de notre langue ;... on a voulu conserver autant qu'il se pourrait le caractère de l'auteur, ce qui est même de l'essence de la traduction; afin que ceux qui la liraient eussent toujours devant eux l'auteur même et non pas le traducteur. »

Barbeyrac, dans le siècle suivant, tenait un tout autre langage. « Je ne parle pas des transitions, disait-il, qu'il a fallu *souvent suppléer*... Mais il y avait quelquefois *des pensées mal rangées que je pouvais transposer* sans aucun inconvénient... Aussi ai-je trouvé des *transpositions à faire* dans des endroits où les choses étaient mal rangées;... il y en a même quelques-uns de ceux-ci... dans lesquels *j'ai été obligé ou de transporter certaines pensées d'un paragraphe à l'autre*, OU DE TRANSPOSER DES PARAGRAPHES ENTIERS : au lieu que partout ailleurs, les périodes *dont l'ordre a été changé*, se trouvent toutes dans un même paragraphe. C'est pourquoi, comme il est facile à ceux qui voudraient comparer la version avec l'original, de s'apercevoir des transpositions qui ne s'étendent pas au delà d'un si petit espace déterminé, JE N'AI GUÈRE AVERTI *que des autres*... Pour ce qui est de la subdivision des paragraphes,... *je n'y ai eu aucun égard*... En quelque peu d'endroits, *j'ai transporté des notes dans le texte* certaines choses qui pouvaient y entrer aisément;... mais le plus souvent *j'ai ôté du texte, et mis dans les notes*, des choses qui, n'étant pas nécessaires, interrompaient et faisaient presque perdre de vue la suite du discours... Il a fallu chercher bien des expédients pour *dégager le texte* de l'interruption et de la confusion qu'y causaient les passages qui ne pouvaient en être *tout à fait bannis*. Tantôt *je leur ai donné quelque ordre;* tantôt *je les ai abrégés;* tantôt *j'ai réduit à un sens conçu en peu de mots* les pensées qui y étaient renfermées; tantôt, après avoir rapporté un ou deux passages des plus remarquables, *j'ai indiqué seulement les noms* d'autres auteurs qui disaient à peu près la même chose, et *renvoyé leurs paroles mêmes dans les notes*... J'ai cherché, au reste, la brièveté, mais autant que la clarté s'y trouvait; et c'est pourquoi, quand celle-ci l'a demandé, *j'ai étendu les pensées de mon auteur*, ou *rapporté plus au long certains passages*... J'ai examiné les notes de mon auteur *à peu près* avec autant de soin que le texte même; et *je me suis donné ici encore plus de liberté*, surtout pour ce qui est de *transposer les citations*... etc[1]. »

Suppléer des transitions, transposer des pensées, transporter des paragraphes entiers, changer l'ordre des périodes, n'avertir le lecteur que de certaines transpositions, n'avoir aucun égard à la division des paragraphes généralement reçue, transporter des notes dans le texte, et, le plus souvent, ôter du texte

[1] Préface du traducteur (Édit. 1746).

pour mettre dans les notes, abréger ou réduire certains passages, n'indiquer parfois que les noms d'auteurs cités, étendre les pensées de l'auteur original, et avouer qu'on s'est donné encore plus de liberté dans la transposition et l'abréviation des notes : voilà l'opinion de Barbeyrac sur la mission de celui qui se charge de faire connaître aux hommes de son temps une œuvre considérable. Ce traducteur a réalisé son programme.

Avais-je raison de dire que Grotius est peu connu en France?

Barbeyrac a cependant rendu un grand service à la science. Son travail critique est d'une valeur réelle. Il a vérifié avec une exactitude scrupuleuse les passages cités par Grotius; il les a recherchés dans les sources mêmes, pour constater s'ils étaient bien allégués, ou convenablement appliqués. La difficulté était extrême. Grotius citait de bonne foi, mais trop souvent il citait mal ou mal à propos. Quelque surprenante que fût la mémoire de ce grand homme, il était impossible qu'elle ne lui fît pas parfois défaut; or, comme tous les érudits de son siècle, Grotius citait généralement de mémoire. Ajoutez à cela qu'il avait consacré un temps relativement fort court à la composition de son ouvrage. Il y avait non-seulement une infinité de fautes dans les chiffres marquant le livre, le chapitre ou le vers des auteurs cités; mais encore on trouvait quelquefois un ouvrage cité pour un autre fort différent du même auteur, et qui plus est, un auteur pour un autre; souvent même il fallait deviner l'auteur d'un passage grec ou latin, cité sans nom. Barbeyrac s'est livré à ce travail de révision et de confrontation, avec un succès auquel l'avait préparé la révision des citations de Puffendorf. Il a comblé les lacunes, il a rétabli les autorités, et il a permis ainsi au lecteur de remonter aux sources que Grotius avait interrogées.

L'opportunité de donner une nouvelle édition du *Droit de la Guerre et de la Paix* de Grotius ayant été reconnue par quelques-uns des organes les plus accrédités de la science; et la bienveillance de l'un des hommes dont les amis des sciences morales et politiques conserveront toujours le souvenir, parce qu'il a été à la fois un éditeur plein d'intelligence, un homme de goût, et même un auteur distingué[1], m'ayant confié le soin difficile de faire enfin connaître Grotius par une traduction exacte et fidèle; je me suis mis à l'œuvre avec la conscience de la faiblesse de mes moyens et des obstacles de l'entreprise.

J'ai choisi le texte de l'édition de Gronovius, publiée à Amsterdam en 1712, parce qu'après l'avoir rapprochée des autres éditions, j'ai reconnu qu'elle était la plus complète, la plus conforme dans toutes les parties de l'œuvre à celles qui l'avaient précédée, et à celles qui l'ont suivie.

Pénétré de l'idée que le devoir du traducteur est de faire abstraction de lui-même, et de faire connaître l'auteur tel qu'il est, non tel qu'on aurait désiré qu'il fût, je me suis attaché à suivre de très-près le texte; préférant toujours l'exactitude à l'élégance du style, et ne craignant jamais de répéter un mot, lorsque ce mot se trouvait répété dans l'original. J'ai poussé même le scrupule jusqu'à sacrifier les exigences légitimes d'un style régulier, en me servant tantôt du mot *nous*, tantôt du mot *je*, suivant que Grotius faisait alternativement usage de ce « haïssable » pronom possessif. Le

[1] M. Guillaumin.

sentiment de ma responsabilité m'a porté enfin à une grand irrévérence : j'ai osé, pour suivre « le protestant illustre, » dépouiller les Apôtres et les Pères de l'Église de leur qualificatif de « *saints.* » C'est ainsi que j'ai dit incivilement : Paul, Augustin, Ambroise, au lieu de saint Ambroise, saint Augustin et saint Paul. J'en demande humblement pardon aux personnes pieuses qui croient que le qualificatif supprimé par moi, ajoute quelque chose à la grandeur de ces sublimes défenseurs de notre foi.

Lorsque le style de Grotius a résisté par sa concision au tour de la phrase française, je me suis efforcé de ne pas abandonner pour cela le texte; j'ai sacrifié volontairement les lois de ma langue maternelle; et comme il fallait un commentaire, j'ai emprunté à Barbeyrac sa paraphrase, que j'ai rejetée dans les notes. Souvent aussi j'ai expliqué, mais dans les annotations, les phrases trop concises par des périphrases de Gronovius.

Si j'ai suivi l'original tel qu'il est imprimé dans l'excellente édition de Gronovius, quant au texte lui-même, quant aux notes marginales — que j'ai reproduites dans le corps de mon texte, entre parenthèses, — et quant aux notes qui terminent les pages; les remarques relatives aux éditions diverses et aux variantes ne m'ont pas trouvé indifférent. Je les ai fidèlement recueillies et consignées dans mes annotations.

J'ai traduit avec respect, et je le dirai même, avec amour pour cette grandiose antiquité classique, toutes les citations si abondamment multipliées par Grotius. Barbeyrac les avait souvent modifiées ou étendues; quelquefois aussi les avait-il rétablies suivant les textes originaux. M. de Courtin avait eu la faiblesse de les traduire en fort mauvais vers. Je m'étais dit, à cette occasion, avec le Misanthrope de Molière, que

« J'en pourrais, par malheur, faire d'aussi méchants,
» Mais je me garderais de les montrer aux gens. »

J'ai puisé largement dans les notes de mes laborieux devanciers. Gronovius, Cocceius, Barbeyrac, m'ont fourni plus d'une annotation utile; mais j'ai dû rejeter souvent des dissertations qui ne répondaient plus au goût de notre temps. Lorsque Barbeyrac, par exemple, s'est longuement préoccupé d'analyser les sentiments qui avaient porté David à épargner les jours de Saül, je l'ai laissé dans la caverne, et j'ai couru à mon auteur. Je crois que le lecteur m'en saura gré.

Barbeyrac a relevé beaucoup d'inexactitudes dans les citations et les renvois. J'ai profité de son travail de révision; mais j'ai voulu relever aussi ses propres inexactitudes, et j'ai revu moi-même la plupart des citations. Je me suis servi pour ce travail de nos éditions et de nos traductions des classiques les plus récentes. C'est ainsi que j'ai consulté les *Lettres familières de Cicéron* dans l'édition de Goujon (de la Somme); le *Denys d'Halycarnasse* de E. Gros, édité par Brunot-Labbé; la *Morale et la Politique d'Aristote* de Thurot, éditées par Firmin Didot; les *Œuvres complètes de Pétrone*, éditées en 1862 par Garnier frères; les *Œuvres complètes de Lucrèce*, éditées par la même librairie en 1861; les *Œuvres complètes de Sénèque le Philosophe*, éditées par L. Hachette en 1860; les *Satiriques latins*, publiés par le même éditeur en 1864; le *Salluste*, édité par Garnier en 1860; l'excellente *Edition de Tacite*, traduite par Burnouf; les *Œuvres complètes de Quinte-*

Curce, que les frères Garnier ont éditées en 1861 ; les *Œuvres complètes de Justin*, publiées par les mêmes libraires en 1862 ; les *Œuvres complètes d'Aulu-Gelle*, de Charpentier et Blanchet ; le *Thucydide*, édité par la librairie Hachette en 1863 ; l'*Hérodote*, publié par le même éditeur en 1864 ; le *Xénophon*, de M. E. Talbot (1859) ; etc., etc. Ai-je besoin de dire que j'ai révisé toutes les citations de l'Ancien et du Nouveau Testament, dans la belle édition d'Avignon, de 1775 ; et que j'ai revu tous les textes de la législation de Justinien, allégués par Grotius.

Ma traduction et mes annotations peuvent être imparfaites ; elles le sont certainement : tel est le sort des choses de cette vie ; mais elles ont été l'objet d'une élaboration consciencieuse, et je n'ai pas à me reprocher d'avoir omis volontairement un détail ou un renseignement importants.

Mais à ce travail ne devait pas se borner ma tâche. Grotius a été l'un des plus grands maîtres de la grande jurisprudence en Europe. Cependant il s'est trouvé plus rapproché du XVIe siècle que du XVIIIe ; et il s'agissait de combler cette lacune. Il a posé les grands principes qui ont dirigé dans les siècles suivants les relations internationales. Mais depuis lui beaucoup de traités diplomatiques ont été conclus, et pour ne parler que de ceux du siècle dernier, on peut citer les traités d'Utrecht et d'Aix-la-Chapelle. C'est dans ces traités que des questions plus spécialement pratiques ont été résolues. Ainsi, les droits des neutres n'ont été fixés et sanctionnés que par les traités du XVIIIe siècle. Il fallait étudier et commenter GROTIUS d'après la méthode et en se servant des lumières de la science actuelle. Il fallait suivre pas à pas les conquêtes du droit public moderne, et démontrer l'influence qu'a exercée à travers plus de deux siècles la libre pensée de GROTIUS, sur la législation et les mœurs politiques de l'Europe contemporaine.

Mes annotations sur VATTEL m'avaient préparé à ce travail. J'ai continué pour Grotius ce que j'avais fait pour le disciple de Wolff. Le succès que l'édition du *Droit des Gens* de Vattel a obtenu il y a quelques années, plaidera-t-il en faveur du nouveau traducteur de Grotius? J'ai apporté dans mes recherches la même exactitude; dans mes appréciations la même impartialité; dans la direction de mes études, le même amour pour ce qui est vraiment grand et libéral. Puissent ceux dont j'ai souvent invoqué l'autorité, et qui sont mes maîtres, avoir la même indulgence; et puisse aussi mon pays voir avec satisfaction cette traduction nouvelle d'une grande œuvre, éclore dans son sein.

P. PRADIER-FODÉRÉ.

ESSAI

BIOGRAPHIQUE ET HISTORIQUE

SUR

GROTIUS ET SON TEMPS.

On n'isole pas un grand homme de son siècle.

Les événements historiques au milieu desquels s'est dessinée une illustre existence, sont le cadre nécessaire qui fait saisir tous les détails du tableau. Grotius a vécu de 1583 à 1645. Pendant ces soixante-deux années, quel mouvement dans le monde! Voici quelques dates qui rappelleront les faits mémorables de cette période. La forme concise que j'ai adoptée permettra d'embrasser d'un coup d'œil l'ensemble des faits politiques et sociaux accomplis pendant la vie de Grotius. Peut-être la philosophie y trouvera-t-elle, elle-même, son compte; et la mention, sans ornement littéraire, d'événements qui, dans leur temps, ont si vivement préoccupé les hommes, soulevé les colères, stimulé les passions, sollicité les espérances, troublé les cœurs et bouleversé les consciences, sera-t-elle un enseignement utile de la fragilité des choses d'ici-bas.

1584. Guillaume Ier, prince d'Orange, est assassiné à Delft. Son fils Maurice est proclamé stadhouder de la Hollande. — Féodor Iwanowitsch devient czar de Russie. — Premiers établissements des Anglais dans l'Amérique septentrionale. Walter Raleigh.

1585. Origine de la faction des Seize à Paris, unie à la Sainte Ligue. — Prise d'Anvers par le duc de Parme. Accroissement de la ville d'Amsterdam. — Abbas Ier, roi de Perse. — Pontificat de Sixte-Quint.

1587. Bataille de Coutras, en Guyenne, gagnée par le roi de Navarre. — La reine Marie Stuart est décapitée après une captivité de 19 ans. — Sigismond III, fils de Jean III, roi de Suède, élu roi de Pologne. — Fondation de la ville de Tobolsk en Sibérie, par les Russes.

1588. Défaite de la flotte dite l'*invincible* de Philippe II, par les Anglais. Décadence de la monarchie espagnole. — Christian IV, roi de Danemarck. — Henri III fait assassiner à Blois le duc et le cardinal de Guise.

1589. Assassinat de Henri III à Saint-Cloud, par le dominicain Jacques Clément. Extinction des Valois. Henri IV, tige de la maison de Bourbon, roi de France.

1590. Bataille d'Ivry, gagnée par Henri IV sur la Ligue.

1592. Création des États-Généraux dans les Provinces-Unies. — Sigismond III, roi de Pologne, monte sur le trône de Suède et réunit ces deux couronnes. — Pontificat de Clément VIII. Ce pape relève Henri IV de l'excommunication, et réunit le duché de Ferrare au Saint-Siége.

1593. Henri IV embrasse la religion catholique pour gagner la Ligue et la cour de Rome. Sully, son ministre.

1595. Mahomet III, sultan turc. — Commencement de la navigation des Hollandais aux Indes.

1596. Découverte de Spitzbergen par Jacques Heemskerk, hollandais.

1598. Édit de Nantes qui assure aux protestants de France le libre exercice de leur culte et des droits politiques. — Joachim

Frédéric, électeur de Brandebourg. — Mort de Féodor Iwanowitsch, dernier czar de la race de Ruric. Boris Godunow, czar. Origine des troubles des faux Démétrius. — Paix de Vervins entre la France et l'Espagne. — Philippe III, roi d'Espagne.

1600. Charles IX, roi de Suède, après la déposition de Sigismond III. — Guerre entre la Suède et la Pologne au sujet de la Livonie. — Origine de la Compagnie anglaise des Indes orientales. — Jordano Bruno est brûlé à Rome comme athée.

1602. Origine de la Compagnie hollandaise des Indes orientales.

1603. Prise d'Ostende par les Espagnols, après un siége de trois ans. — Mort de la reine Élisabeth. — Jacques Ier, de la maison des Stuarts, roi de la Grande-Bretagne. — Achmet I, sultan. Il conclut une trève de 20 ans avec l'empereur Rodolphe II. — Origine de la querelle entre les Arminiens ou Remontrants, et les Gomaristes, en Hollande.

1604. Occupation des îles Moluques par les Hollandais.

1605. Conspiration des poudres à Londres, contre le roi et le Parlement. — Pontificat de Paul V (Borghèse). Ce pape met la république de Venise en interdit.

1606. Traité de pacification de Vienne, relatif aux troubles de la Hongrie.

1608. Jean Sigismond, électeur de Brandebourg. — Fondation de Québec au Canada par les Français.

1609. Les Maures, au nombre de 800,000, sont expulsés de l'Espagne par Philippe III. — Trève de 12 ans, conclue à Anvers, entre l'Espagne et la Hollande. — Contestation au sujet de la succession de Juliers.

1610. Henri IV est assassiné à Paris par Ravaillac. Louis XIII, roi de France; Marie de Médicis, sa mère, régente. — Union évangélique de Hall en Souabe. Ligue catholique de Wurzbourg. — Hudson, navigateur anglais, fait la découverte de la baie qui porte son nom. — Les Jésuites fondent des missions dans le Paraguay.

1611. Jean Georges Ier, électeur de Saxe. — Gustave-Adolphe, roi de Suède.

1612. Mathias, empereur d'Allemagne.

1613. Commencement des troubles pendant la minorité de Louis XIII. — Michel Féodorowitsh, de la maison de Romanow, czar de Russie.

1614. Assemblée des États-Généraux en France.

1615. Voyage autour du monde par Le Maire. — Découverte de la baie de Baffin et du détroit Le Maire.

1617. Paix de Stolbova, entre la Suède et la Russie.

1618. Troubles de Bohême. Commencement de la guerre de Trente ans. — Le duché de Prusse passe à la branche électorale de Brandebourg. — Ottoman II, sultan. — Synode de l'Église réformée à Dordrecht. Il réprouve la doctrine des Arminiens.

1619. Ferdinand II, élu empereur d'Allemagne. — Supplice du Grand Pensionnaire Olden-Barneveld. — Frédéric V, électeur palatin, élu roi de Bohême. — Période palatine de la guerre de Trente ans. — Fondation de la ville de Batavia dans l'île de Java par les Hollandais. — J.-Cés. Vanini est brûlé à Toulouse comme athée.

1620. Bethlem Gabor, prince de Transylvanie, roi de Hongrie. — Bataille près de Prague ; défaite de Frédéric V. Le comte de Mansfeld. — Cession de Tranquebar sur la côte de Coromandel à la Compagnie danoise des Indes orientales.

1621. Philippe IV, roi d'Espagne. Il renouvelle la guerre contre la Hollande. — Frédéric V est mis au ban de l'Empire, et dépouillé de son électorat. — Pontificat de Grégoire XV.

1622. Prise de Heidelberg par les Espagnols, sous Spinola.

1623. Ferdinand II confère la dignité électorale à Maximilien, duc de Bavière. — Amurath IV, sultan turc. — Abbas Ier, roi de Perse, se rend maître d'Ormuz. — Pontificat de Urbain VIII.

1624. Ministère du cardinal de Richelieu.

1625. Période danoise de la guerre de Trente ans. — Charles Ier, roi d'Angleterre. — Vincent de Paule institue la congrégation des missions.

1626. Bataille de Lutter dans le Lunebourg ; défaite de Christian IV, roi de Danemark.

1628. Prise de La Rochelle. Les réformés sont dépouillés de leurs places fortes par Richelieu. — Les ducs de Mecklembourg sont mis au ban de l'Empire. Ferdinand II donne leurs États à Walllenstein, créé duc de Friedland. — Découverte de la côte occidentale de la Nouvelle-Hollande.

1629. Guerre des Français en Italie pour la succession du duché de Mantoue. — Paix de Lubeck entre Christian IV et Ferdinand II. Édit impérial de restitution. — Trève de six ans entre la Suède et la Pologne.

1630. Période suédoise de la guerre de Trente ans. Gustave-Adolphe entre en Allemagne. Époque de la grandeur naissante de la Suède. — Conquête de l'île de Curaçao par les Hollandais.

1631. Prise et destruction de Magdebourg par Tilly. Bataille de Leipsig gagnée par Gustave-Adolphe sur Tilly.

1632. Bataille de Lutzen, gagnée par les Suédois. Mort de Gustave-Adolphe. Le duc Bernard de Weimar, général en chef de l'armée suédoise. — Christine, fille de Gustave-Adolphe, reine de Suède, sous la régence du chancelier Oxenstiern. — Ladislas Sigismond, roi de Pologne.

1634. Wallenstein est assassiné à Egra par ordre de l'empereur. Défaite des Suédois à Nördlingue par l'archiduc Ferdinand. — Paix de Wiasma entre les Russes et les Polonais.

1635. La France prend ouvertement le parti des protestants d'Allemagne, et déclare la guerre à l'empereur et à l'Espagne. — Période française de la guerre de Trente ans. Paix de Prague, entre Ferdinand II et l'électeur de Saxe; cession de la Lusace à l'électeur. — Trève de 26 ans, entre la Suède et la Pologne. — Origine de la colonie française de la Martinique.

1636. Bataille de Wittstock en Poméranie; défaite de l'armée impériale et saxonne par Banner, général suédois.

1637. Ferdinand III, empereur. — Mort de Bogislas XIV, dernier duc de Poméranie.

1638. Campagne brillante du duc de Weimar sur le Rhin. — Confédération des Écossais sous le nom de Covenant, contre Charles Ier.

1639. Mort subite du duc de Weimar à Neubourg. Son armée passe au service de la France.

1640. Les Portugais secouent le joug des Espagnols. Jean IV, de la maison de Bragance, roi de Portugal. — Frédéric Guillaume Ier, électeur de Brandebourg, dit *le Grand Électeur*. —

Ibrahim, sultan turc. — Les Hollandais enlèvent Malacca aux Portugais. — Origine du Jansénisme, à l'occasion du livre écrit par Jansénius, évêque d'Ypres, et publié après sa mort sous le titre d'Augustinus.

1641. Massacre des protestants en Irlande.

1642. Mort de Richelieu. Le cardinal Mazarin lui succède dans le ministère. — Guerre civile entre le roi d'Angleterre Charles Ier et son Parlement. — Abel Tasman fait la découverte de la terre Van-Diémen.

1643. Louis XIV, roi de France, à l'âge de cinq ans; Anne d'Autriche, sa mère, régente. — Victoire de Rocroy, remportée par le duc d'Enghien sur les Espagnols. — Guerre entre la Suède et le Danemark.

1644. Bataille de Fribourg gagnée par Turenne. — Les Tartares Mandchoux s'emparent de la Chine. — Pontificat d'Innocent X. Ce pape condamne les cinq propositions de Jansénius.

1645. Guerre entre les Vénitiens et les Turcs. — Congrès à Munster et à Osnabruck. — Défaite de Charles Ier à Naséby, près d'Oxford. Fairfax et Cromwell. — Alexis Michaïlowitsch, czar de Russie.

Grotius fut le contemporain du cardinal Baronius, historien ecclésiastique; de l'astronome Tycho-Brahé; du jurisconsulte et historien Pithou; de Juste Lipse; du cardinal d'Ossat, de Juste Scaliger, d'Étienne Pasquier, de Shakespeare, du philosophe Casaubon, de l'historien De Thou, des deux Carrache, de Cervantès, du cardinal Bellarmin, du chancelier Bacon de Vérulam, de Malherbe, de l'historien ecclésiastique Fra-Paolo Sarpi, de Mariana, de l'astronome Kepler, de Lopez de Véga, du peintre Guido Réni (le Guide), de Tassoni, de Galilée, de Rubens, du Dominiquin et de Van Dyck; de Voiture, de Claude Saumaise et de Balzac; de Gassendi, du Poussin, de Le Sueur, de Descartes, de Toricelli, de Pascal, de Scarron, de Hobbes et de Milton; de Rembrandt, de Molière et de Corneille.

De son vivant, Zacharie Jansen de Middelbourg inventa le télescope (1590); l'université de Dublin fut fondée (1591); Harvey découvrit la circulation du sang (1619); Galilée établit le schisme entre la science et l'Église; le paysan hollandais Drebbel inventa le microscope et le thermomètre; l'Académie française fut créée (1635), et Vincent de Paule institua les missions.

Terrible et glorieuse époque, sur le seuil de laquelle expire le siècle des Machiavel et des Borgia. Époque de sang, qui voit la bataille de Coutras, la destruction de l'Armada, la bataille d'Ivry, la lutte entre la Suède et la Pologne, la prise d'Ostende, les périodes palatine, danoise et française de la guerre de Trente ans, la bataille de Prague, la lutte entre l'Espagne et la Hollande, la prise de Heidelberg, la bataille de Lutter, la prise de La Rochelle, la guerre des Français en Italie pour la succession du duché de Mantoue, la prise et le sac de Magdebourg, la bataille de Leipsig, la bataille de Lutzen, la bataille de Nordlingue, la bataille de Wittstock, le massacre des protestants en Irlande, la bataille de Rocroy, la guerre entre la Suède et le Danemarck, la bataille de Fribourg, la bataille de Naséby.

Époque de guerres civiles, qui voit se former à Paris la faction des Seize, et se dérouler les troubles de la Ligue; qui voit naître en Hollande la sanglante querelle des Arminiens et des Gomaristes; se former à Londres la conspiration des poudres; en Allemagne, l'union-évangélique de Hall et la ligue catholique de Wurzbourg; puis les troubles qui ont agité la France pendant la minorité de Louis XIII; les troubles de Bohême, sombres avant-coureurs de la guerre de Trente ans; la guerre civile d'Angleterre.

Époque de crimes, qui est souillée par l'assassinat de Guillaume Ier d'Orange, le supplice de Marie Stuart, l'assassinat du duc et du cardinal de Guise, l'assassinat de Henri III, le supplice de Bruno, l'expulsion des Maures, l'assassinat de Henri IV, le supplice de Barneveld, le supplice de Vanini, l'assassinat de Wallenstein.

Mais époque d'expansion sociale et d'émancipation intellectuelle. C'est le moment où l'Angleterre fonde ses premiers établissements dans l'Amérique septentrionale; où Amsterdam, ce grand comptoir des temps modernes, s'agrandit; où les Russes élèvent Tobolsk, en Sibérie; où les Hollandais commencent à naviguer vers les Indes, et découvrent Spitzbergen; où la Compagnie anglaise des Indes orientales prend naissance; où les mêmes contrées voient s'ouvrir les comptoirs de la Compagnie hollandaise; où les Hollandais occupent les îles Moluques; les Français jettent les fondements de Québec, au Canada; le navigateur anglais Hudson fait la découverte de la baie qui portera son nom; les Jésuites pénètrent dans le Paraguay; Le Maire exécute son voyage autour du monde; les Hollandais fondent Batavia, dans l'île de Java; les vaisseaux européens circulent vers la côte occidentale de la Nouvelle-Hollande; l'île de Curaçao est conquise par les Hollandais; la France crée une colonie à la Martinique; Abel Tasman découvre la terre Van-Diémen.

En philosophie, dans les sciences, le mouvement est plus prononcé encore. Nous sommes ici sur la limite du vieux monde.

L'aurore d'une ère plus libre se lève sur un monde nouveau. Dans le midi, l'inquisition a étouffé toute apparence de vie. Le bourreau a arraché la langue de

Vanini; Giordano Bruno, Dominis, ont été brûlés sur le bûcher. L'Église romaine a fait violence à la pensée, au profit de l'autorité d'Aristote. Il n'y a pas de méthode; la véritable philosophie naturelle n'existe pas encore. Voici Bacon, voici Descartes; ils vont entreprendre leur grande guerre contre la routine; et Galilée, réduit par l'oppression qui restreint les bornes du monde moral à agrandir le monde physique, convie les penseurs de l'avenir à ne plus accepter les faits sans examen. Grotius, enfin, tant il est vrai que les grandes explosions de l'esprit humain sont inévitablement amenées par la force des choses et le progrès naturel des idées générales, ose opposer les mots *justice* et *humanité*, aux clameurs des champs de bataille, et s'adressant à la conscience des rois et des peuples, fait descendre au milieu de tant de fougueux capitaines la sévère majesté du droit.

Hugues de Groot, plus connu sous le nom de *Grotius*, naquit le 10 avril 1583, à Delft, dans cette Hollande, terre d'industrie et de liberté, qui s'illustra aux XVIe et XVIIe siècles par sa résistance au despotisme de l'Espagne, et à l'ambition de l'Angleterre et de Louis XIV. Son père, Jean de Groot, savant estimable, bourgmestre de Delft, et curateur de l'université de Leyde, cultiva par des soins éclairés les heureuses dispositions du jeune Grotius. L'intelligence précoce de cet enfant, l'étonnante facilité de sa mémoire, son ardeur pour l'étude, attirèrent bientôt sur lui l'attention des littérateurs et des savants. Daniel Heinsius écrivit à son sujet ces paroles remarquables : « Les autres ne sont devenus hommes que par la suite; Grotius est né homme fait. » Dès l'âge de huit ans il faisait des vers latins qu'un poëte n'aurait pas désavoués; à quinze ans, en 1597, il soutint des thèses sur la philosophie, les mathématiques et la jurisprudence, avec un applaudissement général. Grotius avait eu pour maître le célèbre Joseph Scaliger. Entré de bonne heure au barreau, il n'avait pas dix-sept ans lorsqu'il plaida sa première cause. Mais cette carrière eut d'abord peu d'attraits pour lui. Passionné pour les sciences et pour la littérature, il s'arrachait avec peine à ces études séduisantes pour les travaux souvent ingrats de sa profession. Bientôt de plus vastes horizons s'ouvrirent à son activité. L'estime de ses concitoyens l'investit successivement du titre nouvellement créé d'historiographe des Provinces-Unies, et des fonctions d'avocat général du fisc pour les provinces de Hollande et de Zélande. Il n'avait que vingt-quatre ans lorsque cette place importante lui fut confiée. A vingt-cinq ans il épousa Marie de Reigesberg, fille d'un ancien bourgmestre de Véer, et qui devait jouer un rôle si touchant quelques années plus tard. Le Pensionnaire de Rotterdam, frère de l'illustre Barneveld, étant mort, Grotius fut choisi pour le remplacer. Déjà, dans sa première jeunesse, Grotius avait suivi en France Barneveld, nommé ambassadeur de Hollande. Présenté à la cour de Henri IV, il avait mérité par son esprit et par sa conduite les éloges du Béarnais, qui le gratifia d'une chaîne d'or[1]. Les nouvelles fonctions de Grotius établirent de plus intimes rapports entre Hugues de Groot et le Grand Pensionnaire de Hollande. Ces deux hommes ne tardèrent pas à s'unir par les liens d'une estime et d'une affection mutuelles. Grotius s'associa aux destinées

[1] Grotius était alors âgé de moins de quinze ans. Il se félicita dans une pièce de vers latins d'avoir été présenté à Henri IV, et d'avoir « touché cette main terrible dans les combats, et qui ne dut le sceptre qu'à sa valeur. »

de Barneveld ; il seconda son administration. Bientôt il dut partager ses malheurs.

Ce fut l'intolérance religieuse qui prépara les catastrophes dont Barneveld et son ami devaient être les victimes. Une querelle théologique, aussi obscure que frivole, fit éclore des dissensions que le fanatisme ne tarda pas d'ensanglanter. Deux professeurs de l'université de Leyde, Arminius et Gomar, avaient émis des doctrines opposées sur la grâce et sur la prédestination. L'opinion d'Arminius paraissait plus conforme à la raison et à la bonté divine; l'opinion de Gomar semblait plus conforme à la doctrine de Calvin. Peu de controverses théologiques ont été cependant aussi vivement agitées, et ont eu des ramifications aussi étendues. Suivant les uns, la nature corrompue de l'homme était regardée comme incapable de s'élever par sa propre énergie à un état agréable à Dieu, ou même de le vouloir avec un désir sincère, sans être excitée par la grâce, qui n'est octroyée qu'à quelques-uns seulement, et qui est dite libre, parce que Dieu n'est limité, dans la concession de ce don, par aucune considération de personnes. Ainsi donc, le principe essentiel de cette doctrine était la nécessité de la grâce première, c'est-à-dire qu'il n'est pas au pouvoir de l'homme de faire, de prime abord, aucun acte tendant à son salut. Ce principe, modifié de diverses manières, était regardé comme la doctrine orthodoxe; doctrine établie dans l'Église latine par l'influence de saint Augustin, généralement reçue par les scolastiques, par la plupart des premiers réformateurs, et qui paraît avoir été inculquée par les décrets du concile de Trente autant que par les articles de l'Église d'Angleterre. Les autres, au contraire, s'accordant avec les premiers sur la nécessité du secours de l'Esprit dans les efforts que fait l'homme pour vaincre ses mauvais penchants et retremper son cœur dans la crainte et l'amour de Dieu, pensaient que tout pécheur est apte à chercher ce secours, qui ne lui sera pas refusé, et conséquemment à commencer l'œuvre de la conversion par sa propre volonté. Ils niaient donc la nécessité de la grâce première, excepté en tant qu'elle est extérieure, ou, ce qui revient au même, ils affirmaient qu'elle est accordée dans une proportion suffisante à tout individu vivant dans le giron de l'Église chrétienne, soit au moment du baptême, soit par quelque autre moyen. Ils considéraient l'opinion contraire, fondée ou non sur la supposition d'un décret éternel, comme incompatible avec les attributs moraux de la divinité et avec la teneur générale des Écritures. Mais cette doctrine était rejetée par la majorité.

Le petit nombre de savants qui, en Angleterre ou dans les Églises réformées du continent, avaient, au XVIe siècle, adopté ces nouveautés hétérodoxes, comme on les regardait alors, n'excitèrent pas, à beaucoup près, autant d'attention que Jacques Arminius, appelé à la chaire de théologie de l'université de Leyde en 1604[1]. La controverse mûrit en peu d'années. Elle se rattachait intimement, non pas, à la vérité, par sa nature, mais par quelques-unes de ces influences collatérales qui ont souvent une action si puissante sur l'opinion, aux rapports politiques qui existaient entre le clergé et les États de Hollande, comme elle se rattacha plus tard aux diffé-

[1] Voir l'*Histoire abrégée de la Réformation des Pays-Bas*, par Brandt, t. II; l'*Histoire Ecclésiastique* de Mosheim, traduction de Maclaine, t. V, p. 228; l'*Histoire des Variations* de Bossuet; et Hallam, *Histoire de la Littérature de l'Europe*, etc., traduct. d'Alph. Borghers, 1840, t. III, p. 60 et suiv.

rends encore moins théologiques de ce gouvernement avec son stadhouder. Des divisions éclatèrent. Les partisans d'Arminius, craignant d'être opprimés par leurs adversaires, présentèrent en 1610 une *Remontrance* aux États de Hollande : ce qui donna lieu dans la suite de les appeler *Remontrants*. Ils commencèrent par se plaindre de ce qu'on les accusait injustement de vouloir introduire des changements dans la religion, et de soulever des désordres; ils exposèrent la doctrine de leurs adversaires, et résumèrent la leur en cinq articles.

Les États de Hollande, jugeant avec raison que la religion n'était point intéressée dans ces vaines disputes, cherchèrent à les étouffer, et exhortèrent les deux partis à la tolérance. Mais les Gomaristes qui se flattaient d'obtenir, dans un synode national, la condamnation des Remontrants, ne voulurent point souscrire à la décision des États. Ils excitèrent des soulèvements parmi le peuple. Les États se virent forcés de rendre, sur la proposition de Barneveld, un décret qui autorisait les villes à lever des troupes pour leur sûreté, et pour la répression des désordres.

Ce décret devint le signal de la guerre civile. Maurice de Nassau, prince d'Orange, gouverneur et capitaine général, dès longtemps l'ennemi de Barneveld, saisit cette occasion de faire éclater sa haine. Il affecta de regarder le décret des États comme une atteinte à son autorité. Sous le prétexte d'en tirer justice, il rassembla des troupes, entra dans la Hollande à main armée, s'empara des villes, chassa les partisans d'Arminius, dont il fit condamner la doctrine dans un synode réuni à Dordrecht (1618), et jeta dans les fers Barneveld, Hoogerbertz, Pensionnaire de Leyde, et Grotius, soupçonnés de favoriser les Remontrants.

Traduit devant un tribunal incompétent, jugé par ses ennemis personnels qu'il tenta vainement de récuser, faiblement protégé par la timide intercession de l'ambassadeur français, Barneveld fut envoyé à l'échafaud. Il se défendit en homme libre et mourut en martyr. Avant de livrer sa tête aux bourreaux, il dit au peuple assemblé : « Je meurs pour avoir défendu la liberté et les droits de la patrie ! »

Les mêmes commissaires instruisirent le procès d'Hoogerbertz et de Grotius. L'un et l'autre furent mis au secret et traités avec la plus grande rigueur. On espérait, en lassant leur constance, les contraindre à s'avouer coupables : c'était à ce prix qu'on mettait l'indulgence qu'on leur permettait d'attendre. Mais les deux prisonniers dédaignèrent une grâce qu'il fallait acheter au prix de l'honneur.

Le crime de Grotius était d'avoir secondé Barneveld dans les actes qui avaient conduit ce martyr politique à la mort; d'avoir été député des États auprès du sénat d'Amsterdam, pour détacher cette ville du parti des *Contre-Remontrants*, ou partisans de Gomar; enfin d'a-d'avoir engagé la ville d'Utrecht à se défendre contre le prince d'Orange. Dès son premier interrogatoire, il déclina la compétence des commissaires choisis pour le juger, réclama ses juges naturels, et, repoussé dans toutes ses réclamations, protesta contre la violence qui lui était faite. La fermeté de sa défense irrita ses persécuteurs : après ce premier interrogatoire, le papier et l'encre lui furent retirés. On continua de l'interroger, en choisissant de préférence les moments où sa force était abattue par la maladie, et en lui refusant même la lecture de ses interrogatoires. Grotius demanda la faculté d'écrire sa défense; on lui donna cinq heures de temps et une feuille de papier. Enfin le 18 mai 1619, cinq jours après le supplice de Barneveld, Grotius fut condamné à une prison perpétuelle, et ses biens furent confisqués. On lui donna pour prison la forteresse de Louvestein. Il fut incarcéré le 6 juin 1619. On lui assigna vingt-quatre sous par jour pour sa nourriture. Mais sa femme eut la noble fierté de rejeter cet indigne secours, et déclara à ses oppresseurs qu'elle avait assez de bien pour nourrir son mari.

Ici commence la partie anecdotique de la captivité de Grotius.

L'ami de Barneveld fut d'abord rigoureusement traité. « Son père demanda vainement à le voir ; on le permit à sa femme, mais en la prévenant que si elle sortait une fois, elle ne devait plus espérer de rentrer. Cette condition n'effraya point son courage ; elle vint s'enfermer avec son époux. Peu après, comme il arrive presque toujours, ces rigueurs se relâchèrent : elle obtint de sortir deux fois par semaine, avec la permission du gouverneur. Le prisonnier eut la faculté de faire venir des livres ; l'étude consola sa disgrâce : il s'occupa du droit et de la morale, traduisit les *Maximes des poëtes*, de Stobée, composa en vers hollandais un traité *de la Vérité de la religion chrétienne*, et commença plusieurs autres ouvrages.

» Dix-huit mois s'étaient écoulés ainsi. Dans cet intervalle, la femme de Grotius avait épié, sans pouvoir la saisir, l'occasion de rendre son mari à la liberté. Cette occasion parut enfin s'offrir. Les livres que Grotius renvoyait à ses amis, le linge qu'il envoyait blanchir à Gorcum (ville voisine de Louvestein), étaient déposés dans un coffre qui voyageait alternativement de la forteresse à la ville, et de la ville à la forteresse. Pendant la première année, la garde de service visita soigneusement ce coffre. Insensiblement, accoutumés à n'y voir que du linge et des livres, les gardiens devinrent plus confiants. Les visites furent d'abord moins sévères; elles cessèrent bientôt tout à fait. Ce relâchement ne put longtemps échapper à l'œil observateur d'une épouse attentive. Elle conçut la possibilité d'une évasion; elle en fit part à son mari. L'entreprise n'était pas sans difficulté. Ce n'était pas assez de détourner les soupçons du gouverneur et de la garnison tout entière, dans une tentative où la défiance, la curiosité, le simple caprice d'un seul homme, suffisaient pour tout perdre. D'autres dangers se présentaient encore. Le coffre n'avait que trois pieds et demi de longueur : il fallait s'y placer dans la posture la plus contrainte, y demeurer pendant tout le trajet de Louvestein à Gorcum, au risque d'étouffer pendant la route. Arrivé à Gorcum, il fallait que ce coffre fût ouvert par des mains amies et complices de l'évasion; il était donc indispensable de confier à des tiers le secret de l'entreprise. L'amour de la liberté brava tous ces périls. Deux serviteurs fidèles furent mis dans la confidence; des trous furent pratiqués aux parois du coffre, pour que l'air pût s'y renouveler. Le prisonnier s'assura, par des épreuves réitérées, de la possibilité d'y rester enfermé pendant le temps nécessaire au trajet. Quand tout fut disposé, on attendit le moment favorable.

« A quelque temps de là, le gouverneur fut obligé de s'absenter. Aussitôt la femme de Grotius fait courir le bruit que son mari est malade. Quand ce bruit est suffisamment répandu, elle va visiter l'épouse du gouverneur, et dans le cours de la conversation, lui parle du désir qu'elle a de renvoyer à Gorcum un coffre plein de livres; elle ajoute que Grotius est dans un tel état de faiblesse qu'elle le voit avec peine se livrer au travail avec tant d'ardeur. Cette première précaution prise, elle retourne dans la chambre de son mari, et l'enferme dans le coffre, que deux soldats viennent enlever. Sa pesanteur inaccoutumée les étonne. *Il faut*, dit l'un des deux, *qu'il y ait quelque Arminien là-dedans* (c'était un dicton répandu depuis peu dans le pays). L'épouse intrépide, surmontant son trouble, répond avec calme qu'effectivement il se trouve dans le coffre des livres arminiens. On le descend par une échelle, non sans beaucoup de peine. Confirmé dans ses soupçons, le même soldat insiste pour qu'il soit ouvert; il va trouver la femme du commandant, lui fait part de ses inquiétudes. Une femme de soldat, présente à l'entretien, affirme qu'on a vu plusieurs exemples de prisonniers qui se sont évadés par un semblable moyen. Cependant, soit insouciance, soit faveur et désir de fermer les yeux, on n'a point d'égard à ces craintes, et l'ordre est donné de porter le coffre au bateau. Le fidèle domestique, dépositaire du secret de ses maîtres, accompagne le précieux fardeau commis à son zèle. On arrive; on propose de charger le coffre sur un traîneau : la servante observe qu'il renferme des choses fragiles; il est placé sur un brancard, et conduit chez David Dazelaër, l'un des amis de Grotius. Là le coffre est ouvert, et Grotius se voit libre. Le trajet ne l'avait point incommodé. Il se hâte de revêtir un habit de maçon, sort par une porte dérobée, et se rend déguisé à Anvers chez Nicolas Grevincovius, qu'il avait connu ministre à Amsterdam. Là, son premier soin est d'écrire aux États-Généraux pour justifier sa conduite publique et protester de son attachement à sa patrie, malgré les persécutions dont il s'est vu la victime.

« L'évasion de Grotius fut quelque temps ignorée à Louvestein ; sa femme continua de le faire passer pour malade, et de refuser, sous ce prétexte, l'entrée de son appartement. Lorsqu'enfin elle le sut en sûreté, elle déclara tout au gouverneur, qui d'abord crut devoir s'assurer d'elle, et la fit garder étroitement. Mais bientôt les États-Généraux, touchés de son noble dévouement, ordonnèrent sa mise en liberté [1]. »

Délivré de ses fers, Grotius avait le choix des asiles. Plusieurs États se disputaient l'honneur de le recueillir. Il préféra la France, qu'il avait visitée dans sa jeunesse. Il fut présenté à Louis XIII, qui l'accueillit et lui accorda une pension de 3,000 francs. Sa femme ne tarda pas à le rejoindre. Grotius s'acquitta de sa dette de reconnaissance envers la France, en y écrivant son fameux traité du *Droit de la Guerre et de la Paix*.

La composition de cet ouvrage n'a occupé qu'une portion fort peu considérable de sa vie. On apprend pour la première fois, par une lettre qu'il adresse à De Thou le fils, en août 1623, qu'il s'occupait d'examiner les principales questions se rapportant au droit des nations [2]. Dans le cours de la même année, il recommande cette étude à un autre de ses correspondants, en termes qui dénotent que lui-même s'en occupait sé-

[1] L'évasion de Grotius eut lieu le 22 mars 1621. Le récit qui en est fait a été extrait d'une vie de Grotius, publiée dans le *Musée des Protestants célèbres*, 1823, t. IV, 1re part., p. 45 et suiv. L'auteur de cet excellent travail s'est inspiré plus d'une fois de la vie de Grotius, publiée en tête de l'édition de Cocceius, 1758, in-4°, t. Ier, p. XV et suiv. — Nous avons cru devoir reproduire ce récit.

[2] « *Versor in examinandis controversiis præcipuis quæ ad jus gentium pertinent* » (*Epist.* 75). Cette citation n'est point tirée de la collection *in-folio* de ses lettres, mais d'un autre recueil antérieurement publié, en 1648, sous le titre de « *Grotii Epistolæ ad Gallos.* »

rieusement [1]. L'idée de l'ouvrage, suivant une de ses lettres à Gassendi, citée par Stewart, lui fut suggérée par Peiresc [2].

Grotius se mit à l'œuvre en 1623, après avoir achevé son Stobée [3]. Il avait choisi une retraite agréable. Le président Jacques de Mesmes lui avait offert une maison de campagne, nommée Balagni, près de Senlis. Il s'y rendit au commencement de juin, à dessein en partie de fortifier sa santé, en respirant un air plus pur qu'à la ville. Ses lettres nous apprennent qu'il travaillait assez lentement [4], mais qu'il mettait à profit jusqu'aux promenades entre lesquelles et l'étude il partageait alors tout son temps [5]. Le secours d'une bibliothèque qui fût à lui et dont il pût se servir à tout moment lui manquait. Celle qu'il avait réunie dans sa patrie n'avait pas

[1] « *Hoc spatio exacto, nihil restat quod tibi æquè commendem atque studium juris, non illius privati, ex quo leguleii et rabulæ victitant, sed gentium ac publici; quam præstabilem scientiam Cicero vocans, consistere ait in fœderibus, pactionibus, conditionibus populorum, regum, nationum, in omni deniquè jure belli et pacis. Hujus juris principia quomodo ex morali philosophiâ petenda sunt, monstrare poterunt Platonis ac Ciceronis de legibus libri. Sed Platonis summas aliquas legisse suffecerit. Neque pœniteat ex scholasticis Thomam Aquinatem, si non perlegere, saltem inspicere secundâ parte secundæ partis libri, quem Summam Theologiæ inscripsit; præsertim ubi de justitiâ agit ac de legibus. Usum propiùs monstrabunt Pandectæ, libro primo atque ultimo; et codex Justinianeus, libro primo et tribus postremis. Nostri temporis jurisconsulti pauci juris gentium ac publici controversias attigere, eòque magis eminent, qui id fecêre, Vasquius, Hottomannus, Gentilis* » (*Epist.* 16, citée par Hallam, *Libr. citat.*, t. III, p. 279). Ce passage est intéressant, en ce qu'il fait connaître la manière de voir de Grotius lui-même, sur le sujet et la base de son traité.

[2] Voir Hallam, *Libr. citat.*, t. III, p. 279.

[3] Epist. 56 et 57. Part. II, *seu append.*

[4] Epist. 57, *Ibid.*

[5] I part. Epist. 195.

échappé aux recherches de ceux qui avaient confisqué ses biens, et il avait à peine de quoi entretenir sa famille avec la pension assez mal payée que lui donnait Louis XIII [1]. Il fallait donc que pour les livres dont il avait besoin il vécût d'emprunts. La bibliothèque de Jacques-Auguste de Thou, le fils du célèbre historien, fut celle qu'il témoigne avoir eue à sa disposition [2].

Le séjour de Grotius à Balagni ne fut pas de longue durée. Il ne paraît pas que l'hospitalité trop vantée du président De Mesmes, ait été pour l'illustre réfugié exempte d'amertume. Grotius, comme tous les grands penseurs, dut compter avec l'hypocrisie et le fanatisme. Il fut, vers cette époque, obligé de se justifier auprès de M. De Thou, qui lui donnait avis de certains bruits répandus sur ce qu'il n'observait pas le carême, et qu'on faisait dans sa famille des exercices presque publics de dévotion, à la manière des protestants [3]. Il répondit que, bien loin de là, il avait même expressément ordonné qu'on fît maigre chez lui, le vendredi et le samedi, résolu qu'il était à suivre la mode du pays, en matière de pareilles choses; que, depuis qu'il était dans cette campagne, il n'avait vu aucun des ministres réfugiés de Hollande, ni rien fait qui pût scandaliser les catholiques romains. Il promit, d'ailleurs, d'être désormais encore plus circonspect, pour ne pas donner lieu au président de se plaindre de lui avec la moindre apparence. Cependant Grotius dut quitter bientôt Balagni. Ayant appris que le maître de la maison de campagne se disposait à venir l'occuper, et craignant de l'importuner, il

[1] *Mémoires de Du Maurier*, p. 449, dern. édit. de Holl.; et *lettres de Grotius*, I part., Epist. 207. Append., Epist. 64.

[2] I part., Epist. 195 et 198. II part., Epist. 292.

[3] I part. Epist. 196.

se retira à Senlis, le 4 août, et y continua son ouvrage pendant le cours de cet été [1]. De retour à Paris le 21 octobre de la même année, il y mit la dernière main [2]. Dès le mois de juin de l'année suivante, 1624, Grotius était déjà occupé à mettre son livre au net [3]. Il fut aidé dans ce travail par son ami et compatriote Théodore Graswinkel. On commença à imprimer vers le milieu de novembre 1624, bien que l'auteur fût alors malade, depuis près de deux mois, d'une dyssenterie [4]. Au mois de février de l'année suivante, 1625, le libraire fit rouler deux presses, pour être à temps d'exposer le livre en vente à Francfort, dans la foire de Pâques [5]. On l'y envoya effectivement, sur la fin de mars, sans les *Index*, qui n'étaient pas encore imprimés, et quelques cartons que l'auteur fit faire depuis [6]. Cette première édition est *in-quarto*. Grotius la dédia au roi Louis XIII qui « ne lui en donna aucune récompense, pour n'avoir point de patron auprès de Sa Majesté, qui aimât les belles-lettres, et qui fît état d'un travail de cette importance [7].... »

Les rois ne se sont jamais démentis.

Le traité du *Droit de la Guerre et de la Paix* fut mis à l'*index* par la cour de Rome, le 4 février 1627 [8].

Sur ces entrefaites Maurice de Nassau était mort. Son frère, Henri-Frédéric, lui avait succédé. Grotius conçut l'espérance de rentrer dans sa patrie. Frédéric n'avait

[1] I. Part. Epist. 197.
[2] II Part., Epist., 59.
[3] *Ibid.*, Epist. 74.
[4] *Ibid.*, Epist. 79.
[5] *Ibid.*, Epist. 66.
[6] Cela paraît par la lettre LXXI de l'*Appendix*, qui est mal datée de l'an 1624, et doit porter la date de 1625, ainsi que le prouve Barbeyrac.
[7] Mémoires de Du Maurier, p. 450, édit de 1697.
[8] II Part. Epist. 153.

point hérité des ressentiments de Maurice; il avait même entretenu des rapports avec l'illustre réfugié[1]. Grotius tenta quelques démarches. Il fit même un voyage en Hollande, pour y travailler à sa réhabilitation. Mais le succès ne couronna pas ses efforts. Ses amis l'accueillirent; sa personne fut respectée; ses biens confisqués lui furent même restitués; on lui fit entrevoir la faveur d'une grâce; mais il demandait une réhabilitation, et ne pouvant obtenir justice complète, il préféra renoncer à son pays.

Grotius ne revint pas en France. L'hospitalité qu'il y

[1] Cocceius a publié dans son édition, la copie de la lettre écrite le 4 août 1622, par Henri-Frédéric, prince d'Orange, à Grotius. Nous la transcrivons telle qu'elle se trouve en français dans cette édition :

« *AU SIEUR HUGO DE GROOT.*

» Monsieur,

» Je vous remercie des bons offices que vous m'avez rendus par delà vers quelques-uns du Conseil du Roy : ce que je vous supplise de continuer tant vers les susdits, que autres que vous jugerez à propos; vous asseurant que je recognoistray cette bonne volonté en toutes occasions où j'auray le moyen de vous servir. Je vous supplie aussi de faire estat de mon affection : et vous asseurer que je vous la continueray tousiours, y estant obligé par celle que m'avez tesmoignée de tout temps. J'ai prié vostre beau-frère le sieur Reigesberg de vous escrire particulièrement sur quelque sujet, sur lequel je seray fort aise d'entendre vostre advis : vous m'obligerez fort de me l'envoyer, comme vous avez desjà faict par le mémorie que vous m'avez envoyé, dont je vous remercie bien fort. Je souhaiterois de pouvoir estre utile en vos affaires par deçà, et m'y employerois de tout mon cœur; mais vous scavez la constitution des affaires estre telle, que ny moy, ny vos autres amys, ne pouvons vous y servir, comme nous désirerions bien. Je veux espérer que le temps y pourra apporter du changement, et que je vous pourray revoir en ce pays estimé et honoré comme vos rares qualitez le méritent : de quoy je ne recevray pas moins de contentement que j'ay fait de vostre liberté. Cependant je vous souhaite en vostre éloignement de vostre patrie tout le contentement, heur et prospérité que vous scauriez désirer. Ce que je prie à Dieu de vous donner, et à moy l'occasion de vous faire paroistre par effect que je suis,

» Monsieur,

» Votre très-affectioenné à vous faire service.

» FR.-HENRY DE NASSAU. »

De La Haye le IV d'aoust 1622.

avait reçue lui avait été amère. Richelieu était au pouvoir. Ces deux hommes se convenaient peu : c'étaient le despotisme et le droit en présence. La pension de Grotius était mal payée ; ses ressources personnelles s'épuisaient ; il n'obtenait point d'emploi ; il espéra trouver ailleurs un établissement plus convenable. En quittant la Hollande, Grotius se retira d'abord à Hambourg, où des propositions lui furent adressées de la part de plusieurs puissances. Ses irrésolutions étaient extrêmes. Une circonstance favorable hâta le dénoûment.

Les événements de la guerre de Trente ans, en Allemagne, avaient amené sur la scène européenne une puissance qui n'avait joué auparavant qu'un rôle secondaire et subordonné. Le poids de la Suède commençait à peser dans la balance de l'Europe. Le héros suédois, Gustave-Adolphe était mort sur le champ de bataille de Lutzen, au milieu même de sa victoire. La jeune Christine était montée sur le trône de Suède, et le gouvernement était passé dans les mains habiles du chancelier Oxenstiern. Abandonné par des alliés timides, Oxenstiern songea d'abord à resserrer les nœuds d'une alliance plus puissante et plus utile. La France avait lié sa cause à celle de la Suède ; il s'agissait de l'amener à de nouveaux efforts, et d'aplanir surtout les difficultés élevées entre les deux États, à l'occasion d'un traité trop légèrement souscrit par les envoyés de la Suède. Oxenstiern jeta les yeux pour cette négociation sur Grotius, que Gustave mourant avait recommandé à sa confiance [1]. Il nomma

[1] Voir la vie de Grotius, publiée dans le *Musée des Protestants célèbres*, p. 51 et 52. — Le roi de Suède, Gustave-Adolphe, ne pouvait se lasser de lire l'ouvrage de Grotius. Il l'avait fait traduire en langue suédoise. Voir Du Maurier, *Mémoires*, p. 453 ; Grotii *Epist.*, I, Part., *Epist.* 880 *in fine*.

donc Grotius ambassadeur de la couronne de Suède auprès de la cour de France, en 1635, malgré les cabales que les ennemis de ce grand homme firent pour empêcher son élévation à ce poste[1]. Ce choix déplut au cardinal de Richelieu, qui voyait avec peine revenir Grotius dans un royaume où on lui avait marchandé son pain, après l'avoir accueilli avec la plus grande faveur. Oxenstiern persista dans le choix qu'il avait fait, et Grotius fit son entrée à Paris, au commencement de mars 1635. Avant d'accepter les offres du ministre suédois, l'ambassadeur de la reine Christine avait écrit aux États des Provinces-Unies pour abdiquer son titre de citoyen : légitime vengeance, que l'innocence opprimée et le génie outragé avaient le droit de tirer d'une patrie ingrate.

Des difficultés nombreuses attendaient Grotius sur le seuil de ses fonctions nouvelles. Des inimitiés personnelles l'avaient suivi dans les phases si diverses de sa carrière. De fâcheuses préventions s'agitaient autour de lui. Pendant son séjour à Paris, Grotius avait joui des hommages de tous les savants. Mais tandis que les catholiques se défiaient du « protestant célèbre, » les réformés accusaient Grotius d'incliner vers le catholicisme.

L'Église protestante était, d'ailleurs, fondée à craindre les défections.

De tous côtés la victoire favorisait l'Église romaine. Les défaites de l'électeur palatin et du roi de Danemarck, la soumission de La Rochelle, témoignaient en sa faveur d'une supériorité évidente dans ce dernier argument auquel les protestants s'étaient vus contraints de recourir, et qui fait taire tous les autres. Un système rigide

[1] Le Vassor, *Histoire de Louis XIII*, liv. XXXVII, tit. VIII, p. 358.

d'exclusion de la faveur des cours, de découragement dans l'ordre civil, ou même de bannissement et de suppression du culte religieux, amenait en même temps les esprits irréligieux et flexibles à se soumettre avec une bonne volonté apparente à un despotisme auquel ils ne pouvaient ni résister, ni se soustraire. « En France, dit Hallam, et en Allemagne, cette même noblesse qui, dans le siècle précédent, avait été la première à embrasser une foi nouvelle, fut aussi la première à l'abandonner. La conversion d'un grand nombre de protestants, distingués par leur savoir et leurs talents, fournit encore une preuve des dangers de cette cause. Il ne serait pas juste, cependant, d'en conclure qu'ils agirent uniquement sous l'empire de la crainte. Deux autres causes durent influer puissamment sur leur détermination : l'autorité donnée aux traditions de l'Église, consignées dans les écrits des Pères, et avec lequelles il était très-difficile de concilier toute la croyance protestante; l'intolérance des églises réformées, luthériennes et calvinistes, qui accordaient aussi peu de latitude que l'Église dont elles s'étaient détachées [1]. » Les défections furent donc nombreuses dans le XVIIe siècle.

Grotius a-t-il suivi ce mouvement de défection? Ses lettres, publiées en 1687, fournissent, quant à sa retraite de la cause protestante, des témoignages qu'il serait difficile de récuser. On y voit que Grotius commença par exalter l'autorité de l'Église catholique ou universelle, et son droit exclusif à établir des symboles de foi. « Il cessa, dit Hallam, quelque temps après, de suivre le culte protestant, et se tint longtemps dans un juste milieu, se contentant de s'élever contre les Jésuites et

[1] HALLAM, *libr. citat.*, t. III, p. 38 et suiv.

contre les excès du siége de Rome. Mais son respect pour les écrivains des IVe et Ve siècles, se fortifia de plus en plus; il apprit à protester contre le privilége, réclamé par les réformateurs, d'interpréter l'Écriture autrement que ne l'autorisait le consentement des anciens; devant ses yeux flottaient des visions d'union, d'abord entre les Églises luthérienne et anglicane, puis avec Rome elle-même; il cherchait la paix avec celle-ci, comme d'autres la cherchent, dans l'opposition au gouvernement civil, par le redressement des griefs et le rétablissement subséquent de l'obéissance [1]. » « Tout le travail de son esprit, ajoute le même critique, avait pour objet d'opérer une union extérieure entre les chrétiens; et pour cela, il n'hésita pas à recommander des sens équivoques, des explications commodes, et un silence respectueux. Il s'éprit d'abord de l'antiquité, parce qu'il trouva l'antiquité défavorable à la doctrine de Calvin. Son antipathie pour ce réformateur et ses disciples le conduisit à l'admiration de la succession épiscopale, de la hiérarchie organisée, du cérémonial et des institutions liturgiques, des hautes idées des rites sacramentaux, qu'il trouva dans l'ancienne Église, et que Luther et Zwingle avaient rejetés. Il se pénétra de l'idée de l'unité, comme essentielle à l'Église catholique; mais on ne voit pas qu'il ait jamais été jusqu'à faire abnégation de son propre jugement, ni à reconnaître aux décrets des hommes un caractère d'infaillibilité positive. L'esprit de ce grand homme paraît avoir été sous l'influence de deux idées dominantes : l'une était son extrême respect pour l'antiquité et pour le consentement de l'Église catholique ; l'autre, ses principes érastiens en ce qui touche l'auto-

[1] *Libr. citat.*, t III, p. 47 et suiv.

rité du magistrat civil en matière de religion. Ces deux idées réunies concouraient à lui inspirer de l'horreur pour le droit réclamé en faveur de chacun de professer publiquement des doctrines incompatibles avec la foi établie. Dans une conversation amicale, dans une correspondance familière, peut-être même avec une réserve convenable dans des ouvrages écrits en latin, on pouvait passer beaucoup de choses aux savants;... mais à ses yeux, aucun prétexte au monde ne pouvait justifier une séparation[1]. »

Les vicissitudes elles-mêmes de la vie de Grotius, n'avaient pas peu contribué à l'éloigner du protestantisme. Dès 1614, il avait commencé à louer l'Église anglicane du respect qu'elle montrait pour les autorités primitives, bien différente en cela des autres Églises réformées. Mais les mauvais traitements qu'il eut à subir de la part de ceux qui se vantaient de leur indépendance de la tyrannie papale; les caresses du clergé gallican après qu'il se fût fixé à Paris; les dissensions et la virulence toujours croissantes des protestants; l'alternative, qui semblait être la seule qui restât dans leur communion, entre une anarchie fanatique s'efforçant de détruire tout ce qui pouvait ressembler à une Église, et une domination d'ecclésiastiques grossiers et bigots, affaiblirent peu à peu ses répugnances par la majestueuse et large unité de la hiérarchie catholique, et le disposèrent de plus en plus à concéder quelque point de doctrine incertaine, ou quelque forme d'expression ambiguë. Ses annotations sur la consultation de Cassander, écrites en 1641, ses animadversions contre Rivet, qui avait critiqué cet ouvrage comme ayant une tendance au papisme, le *Votum pro*

[1] *Libr. citat.*, t. III, p. 49, 50.

pate ecclesiastica, et la *Rivetiani Apologetici Discussio*, indiquent dans Grotius une tendance uniforme et progressive à défendre l'Église de Rome, sur tout ce qui peut être considéré comme essentiel à sa croyance.

Grotius resta pendant plusieurs années dans cette espèce d'isolement, n'approuvant ni la réformation, ni l'Église de Rome. Il passa là plus grande partie de ses dernières années à Paris, chargé des fonctions d'ambassadeur de la cour de Suède. Il paraît avoir cru pouvoir tirer vanité de ce qu'il ne vivait pas en protestant[1]. Les ministres huguenots de Charenton l'invitèrent à se mettre en rapport avec eux; ce qu'il refusa. Il méditait alors un plan d'union entre les protestants : les Églises d'Angleterre et de Suède devaient se réunir, et être suivies par celle de Danemarck[2]. Grotius s'imaginait que l'exercice du jugement individuel, pouvait être dominé, comprimé par une telle masse d'autorité, fondée sur l'ancienne Église. Mais il dût bientôt s'apercevoir que l'indépendance même de la constitution originelle des Églises protestantes, rendait cette union impossible. Il vit qu'il n'y avait de réunion possible qu'avec Rome, et que la première condition de cette réunion était la reconnaissance de sa supériorité. A partir de l'année 1640, on voit par ses lettres qu'il est plein d'espoir dans la réalisation de cette chimère. Il attendait toujours quelque concession de l'autre parti. Ce fut à cette époque qu'il publia ses fameuses annotations sur Cassander, et les autres traités auxquels ces annotations donnèrent lieu. Il y défend la transsubstantiation (*Opera theologica*, t. IV, p. 619), l'autorité du pape (p. 642), le célibat des prêtres (p. 645), la communion sous

[1] Épist. 196.
[2] Épist. 866, an 1637.

une espèce (*Ibid.*), etc. Ses lettres laissent entrevoir qu'il avait été encouragé par Richelieu[1]. Grotius se laisse alors entraîner par sa vanité, et se figure que tout ira au gré de ses désirs. Mais il fut abandonné de quelques hommes sur lesquels il avait fondé des espérances, et il trouva les Arminiens hollandais timides (p. 908, 912). Il cite avec amertume Vossius et Saumaise. En 1642, Grotius était devenu tout à fait opposé à la réformation. Il pensait qu'elle avait fait plus de mal que de bien, surtout en accoutumant les hommes à mal interpréter tout ce qui était en faveur du parti catholique. Auratus, chapelain de Grotius, se fit catholique vers cette époque; plusieurs conversions eurent lieu dans le même temps, et le trouvèrent favorable. Dès lors, d'année en année, il se rapprocha davantage de Rome. Enfin, dans une lettre adressée à son frère en Hollande, il exprime l'espoir que Wytenbogart, le patriarche de l'arminianisme, s'occupera des moyens de rétablir l'unité dans l'Église (nov. 1643). « On ne peut supposer, dit, en terminant, Hallam, que Grotius ait réellement partagé l'opinion des Pères du concile de Trente sur tous les points en litige... Son but était de chercher des interprétations subtiles, qui lui permissent de faire profession de foi aux paroles de l'Église, quoiqu'il sût bien que le sens qu'il y attachait n'était pas celui qu'on leur imposait... La paix était ce qu'il désirait par-dessus tout. Si la tolérance eût été aussi bien comprise alors qu'elle l'a été depuis, il aurait peut-être fait moins de concessions[2]. »

A partir de l'année 1640, Grotius paraît donc avoir hâté sa marche. Il n'exprime aucune désapprobation à l'égard

[1] *Sec. Series*, p. 911, 913.

[2] *Libr. citat.*, t. III, p. 42 et suiv.

de ceux qui se convertissaient au catholicisme; il trouvait, ainsi qu'il nous l'apprend, que tout ce qui était généralement reçu dans l'Église de Rome avait pour soi l'autorité de ces Pères grecs et latins, dont personne n'aurait refusé de partager les croyances; et enfin, dans une lettre remarquable adressée à Wytenbogart sous la date de 1644, il met en avant, comme une chose qui mérite considération, la question de savoir: s'il ne serait pas plus raisonnable, de la part de simples individus qui trouvent les doctrines les plus essentielles dans une Église en possession d'une hiérarchie universelle, et présentant une succession légitime, de mettre de côté, dans un intérêt de concorde, leurs différends avec cette Église, en donnant aux choses la meilleure interprétation possible, mais gardant seulement le silence sur leurs propres opinions; que de penser que l'Église catholique dût s'accommoder aux diverses opinions de ces mêmes individus[1].

[1] *Libr. citat.*, t. III, p. 48.

Hallam a consacré une longue note à l'examen de cette tendance de Grotius vers l'Église de Rome. Il a invoqué le témoignage irrécusable de la correspondance du publiciste hollandais. Son travail est d'autant plus intéressant, que les lettres de Grotius sont généralement peu lues, et même ne le sont pas du tout. En voici le résumé.

Le profond respect de Grotius pour les Pères et pour l'autorité de l'Église primitive, se fortifia chez lui d'autant plus qu'il les trouva hostiles aux doctrines des calvinistes. Il fut ravi de trouver saint Jérôme et saint Chrysostôme de son bord (*Épist.* 29, an 1614). L'année suivante, dans une lettre à Vossius, il va fort loin : « *Quid enim magis est alienum ab unitate catholicâ, quàm quod diversis in regionibus pastores diversa populo tradere coguntur?.....* » (*Epist.* 66). Il était alors grand partisan de l'Église anglicane, et demeura dans ces sentiments jusque vers la fin de sa vie, époque où il s'avança plus loin. Il était cependant trop *Érastien* pour les évêques anglais du règne de Jacques, qui lui reprochaient d'avoir attribué au magistrat civil un pouvoir définitif dans les controverses en matière de foi, et d'avoir rangé parmi les

Ces préoccupations théologiques n'avançaient point les affaires de la Suède. Grotius avait-il assez de souplesse pour lutter avec avantage contre les obstacles qui se dressaient devant lui? Oxenstiern dut venir lui-même en France pour conclure le traité que son ambassadeur avait été chargé de négocier. Grotius, abreuvé de dégoûts, mais soutenu pourtant par l'estime du grand ministre suédois, sollicita bientôt et obtint son rappel. Il revint en Suède et voulut traverser la Hollande, où il fut reçu avec honneur. La plupart de ses ennemis étaient morts; la fortune était devenue favorable à l'ancien réfugié. Rien ne réhabilite comme la prospérité et la gloire. La Hollande se repentit enfin d'avoir méconnu et condamné l'un de ses plus grands génies.

Arrivé à Stockholm, Grotius reçut de la reine et du grand chancelier un accueil flatteur. Christine avait un esprit trop éclairé, pour ne pas tenir à s'attacher l'illustre ami de Barneweld [1]. Mais Grotius était lassé de la car-

choses non essentielles l'épiscopat, que les évêques considéraient comme étant de droit divin. Grotius persista dans son opinion, que l'épiscopat n'était point commandé comme une institution perpétuelle, et il pensait alors qu'il n'y avait, entre les évêques et les prêtres, d'autre distinction que celle de préséance.

[1] Voici la lettre qui fut adressée par la reine Christine, à la veuve de Grotius, le 12 août 1648, telle qu'elle est reproduite en français dans la vie du publiciste hollandais, par Cocceius.

« Madame,

» J'ay appris de vostre lettre du 16 juillet, comme quoy mon ambassadeur a exécuté les ordres que je luy avois donnés touchant les livres de feu Monsieur Grotius vostre mary ; et que nonobstant les offres que des autres avoyent faictes pour s'en rendre possesseurs, vous avez eu plus de considération pour mes désirs, que pour les avantages que l'on vous faisoit espérer de ce costé-là. J'advoue que dans le plaisir que je prens à la lecture des bons autheurs, je sois tellement amoureuse des escrits de Monsieur Grotius, que je ne m'estimerois pas contente, si je me vois descheue de l'espérance de les associer à ma Bibliothèque. Mon ambassadeur vous peut avoir dict une partie de la haute estime que je fais de son admirable intelligence, et des bons services qu'il m'a rendus ;

rière orageuse des affaires publiques. Inquiet des jalousies dont il se voyait l'objet, fatigué du climat rigoureux de la Suède, il demanda sa retraite. Christine résista quelque temps, mais sur les instances réitérées de Grotius, elle finit par lui accorder ce congé tant désiré, en y ajoutant un riche présent. Grotius était désormais placé à l'abri du besoin; il n'aspirait plus qu'à couler dans le repos et dans la culture des lettres les jours de sa vieillesse. Il s'embarqua pour Lubeck, l'une des villes anséatiques. Mais à peine était-il en mer, qu'une violente tempête s'éleva. Après avoir lutté pendant trois jours contre les vents, son vaisseau fit naufrage sur les côtes de la Poméranie. Accablé de fatigue, monté sur un charriot découvert, Grotius fit soixante lieues, exposé au vent et à la pluie, et arriva mourant à Rostock. Là, éloigné de sa famille et de ses amis, après onze jours de maladie, il expira dans la nuit du 28 au 29 août 1645, entre les bras d'un ministre de sa religion [1]. Ses entrailles furent dépo-

mais il ne scauroit vous exprimer parfaictement à quel point son souvenir m'est cher, et les effects de ses travaux considérables. Que si l'or et l'argent pouvoyent contribuer quelque chose à rachepter une si belle vie, il n'y auroit rien en mon pouvoir que je n'employasse de bon cœur pour cet effect. Jugez de là, que vous ne scauriez mettre ces beaux monuments et reliques entre des mains dont ils soyent mieux reçus et traictez, que les miennes; et puisque la vie de leur autheur m'a esté si utile, ne souffrez pas que sa mort me prive entièrement des fruicts de ses illustres peines. J'entends qu'avec les livres que d'autres ont faicts, vous me fassiez tenir tous ses mémoires manuscripts et extraicts, suivant la promesse que vous m'en faites dans vostre lettre. Vous ne me scauriez jamais mieux tesmoigner vostre bonne volonté, qu'en ce rencontre, et j'ay, Dieu mercy, dequoy le recognoistre, et vous en récompenser, ainsi que mon ambassadeur vous donnera à entendre plus particulièrement, auquel me remettant, je prie Dieu qu'il vous maintienne en sa saincte grâce,

CHRISTINE. »

A Stockholme ce 12 d'aoust 1648.

[1] Il y a les détails suivants dans la vie de Grotius qui précède l'édition de Cocceius. Je traduis :

« Le lendemain on fit venir auprès de lui le docteur en médecine Stockmannus, qui, ayant observé les pulsations, attribua la faiblesse du sées dans la principale église de Lubeck; son corps fut transporté à Delft, dans la sépulture de sa famille. On inscrivit sur son tombeau cette épitaphe qu'il s'était faite à lui-même :

« *Grotius hic Hugo est, Batavùm captivus et exul,*
« *Legatus regni, Suecia magna, tui.* »

Grotius était d'une taille ordinaire, mais d'une constitution robuste; sa figure était agréable, ses yeux vifs, son nez aquilin, sa physionomie riante. Sérieux en affaires, d'humeur enjouée avec ses amis, il était affable pour tout le monde. Il avait vécu soixante-deux ans et quelques mois. Le bruit courut à sa mort, que la reine de Suède l'avait fait empoisonner; mais ce bruit, peu vraisemblable, ne s'est jamais confirmé [1].

malade à la seule lassitude, et jugea qu'il ne lui fallait pour se rétablir que du repos et des mets nourrissants. Mais lorsqu'il revint le jour suivant, il constata que la faiblesse avait augmenté, une sueur de mort, tous les symptômes d'une nature qui s'éteint, et déclara que c'en était fait de ses jours, et qu'il entrait dans l'agonie. Grotius se trouvant dans cet état, vers la neuvième heure du soir arriva auprès de lui le docteur et professeur en théologie, ministre en même temps du divin évangile, Jean Quistorpius, qu'on avait mandé. Ce ministre après s'être entretenu quelque temps avec lui sur la fragilité humaine, sur les fautes nombreuses des mortels, le repentir qui leur est nécessaire, l'immense clémence du Dieu très-bon et très-grand qui leur pardonne au nom des mérites de Jésus-Christ, et sur d'autres sujets semblables dont on entretient habituellement les mourants, se mit en prières. Grotius en suivait les paroles à voix basse, les mains croisées; quand, peu à peu, il commença à perdre l'ouïe d'abord, bientôt la vue, et peu de moments après, au milieu même de la nuit, il expira paisiblement. »

[1] Grotius laissa quatre enfants : trois fils, Corneille, Pierre et Dideric; une fille, Cornélie. Après avoir étudié les sciences et les belles-lettres, Corneille embrassa le métier des armes. Il servit sous le duc de Saxe-Weimar, sous le duc de Châtillon, et obtint enfin une compagnie dans un régiment que les États de Hollande avaient donné au vicomte de Mombas, son beau-frère. Il mourut célibataire, sur la fin du XVIIe siècle. Pierre fut employé dans plusieurs ambassades. L'électeur palatin, rétabli

Grotius fut également distingué comme savant et comme homme pratique. Il fut en même temps avocat éloquent, savant jurisconsulte, historien célèbre, homme d'État dévoué à sa patrie, et théologien versé dans toutes les parties de cette science. « Dans un siècle particulièrement en proie à de violentes discussions sur les matières religieuses, dit Wheaton, il sut se tenir au-dessus de toute exagération, et quoique activement engagé dans

par la paix de Munster, le fit son résident auprès des États-Généraux. Nommé Pensionnaire de la ville d'Amsterdam en 1660, il exerça honorablement cet emploi pendant sept ans. En 1668, il fut envoyé comme ambassadeur auprès des couronnes du Nord. Après avoir rempli les postes les plus importants, il mourut dans une maison de campagne près d'Amsterdam, sur la fin du XVIIe siècle. On doit à ses soins l'édition des *OEuvres théologiques* de son père, en 3 volumes in-folio, 1679, dédiée à Charles II, roi d'Angleterre. La carrière de Dideric n'offrit rien de remarquable. Cornélie avait épousé le vicomte de Mombas, appartenant à l'une des plus illustres familles françaises, et qui, après avoir vaillamment servi dans les armées de son pays, alla s'établir en Hollande, parce que sa femme ne pouvait supporter le climat de la France. On présente par erreur, dans quelques biographies, Corneille comme le neveu de Grotius, et on en fait un fils aîné de Guillaume Grotius, frère puîné de Hugues. Ce Guillaume naquit à La Haye en 1597, et mourut en 1662. Il suivit avec distinction la carrière du barreau. Il refusa, en 1638, la place de Conseiller Pensionnaire de la ville de Delft : en quoi il fut approuvé par son frère, « attendu, disait ce dernier, le malheur des temps où nous vivons, et où il est difficile de concilier l'honneur et le devoir. » L'année suivante il fut nommé avocat de la Compagnie des Indes. Guillaume Grotius fut le principal correspondant de son frère. Il a écrit, entre autres ouvrages, les vies de quelques jurisconsultes, et un manuel des principes du droit naturel, in-4°. — Sur les faits relatifs à la vie de Hugo Grotius, et à sa famille, on peut consulter, indépendamment de la biographie qui se trouve à la tête de l'édition de Cocceius : BURIGNY, *Vie de M. Hug. Grotius*, Paris, 1752, 2 vol. in-12 ; *Id.*, de Brandt et Cattembourg, Dordrecht, 1727 et 1732, 2 vol. in-folio. ; SCHRŒCKH, *Biographie des savants célèbres*, t. II, p. 257 et suiv. ; LUDEN, *Grotius, d'après sa vie et ses écrits*, Berlin, 1807, in-8° ; BÜTLER *Life of Grot*, Londres, 1827 ; JÉROME DE VRIES, *Hug. de Groot, et Maria de Reigesberg.*, Amsterdam, 1827.

les discussions entre les Arminiens et les Gomaristes, sa tolérance lui fit ménager toutes les opinions, catholiques et protestantes : tolérance rare en ces temps de persécution[1] ! » Jurisconsulte, il composa une *Introduction à la jurisprudence hollandaise,* et illustra plusieurs endroits du droit romain, qu'il savait profondément, dans sa *Florum spartio ad jus Justinianeum.* Historien, il rédigea les Annales de son pays, qui ne furent imprimées qu'après sa mort. Théologien, il écrivit un *Traité de la vérité de la religion chrétienne,* et un *Commentaire* sur le Nouveau Testament, qui furent considérés, par son Église, comme à la fois profonds et méthodiques. Grotius, enfin, a fourni un ample contingent à la philologie ancienne. Il traduisit en latin les Phéniciennes d'Euripide. Ses éditions d'Aratus, de Stobée, des fragments des drames grecs perdus, de Lucain et de Tacite, ne furent qu'une partie de celles qu'il publia. Son goût et son amour de la poésie, non moins que sa vaste érudition, l'ont fait distinguer dans l'art d'illustrer un écrivain à l'aide de passages parallèles ou ressemblants, tirés d'autres écrivains, souvent fort éloignés. Si dans la critique proprement dite il n'a pas montré une connaissance tout à fait aussi profonde du grec que du latin, il a du moins prouvé que la littérature de la Grèce antique lui était complétement familière. Sa latinité est belle, et certes, à son époque, ce n'était point un médiocre mérite.

Les hommes qui aspiraient à une réputation de goût et d'éloquence, s'étaient attachés à bien écrire le latin, la seule langue, en deçà des Alpes et des Pyrénées, qui fût considérée comme susceptible de choix et de poli dans l'expression. Mais quand le français fut plus cul-

[1] *Histoire des progrès du Droit des gens, t. I,* p. 54.

tivé et eut une critique à lui, il devint en France l'instrument naturel des bons écrivains, et le latin fut abandonné aux érudits proprement dits, qui en négligèrent les beautés.

En Angleterre, le latin n'avait jamais été beaucoup cultivé sous le rapport du style; et quoique l'emploi de la langue nationale ne fût fort commun ni en Allemagne, ni dans les Pays-Bas, le latin ordinaire de la littérature y était toujours négligé, et souvent barbare. En Italie même, le nombre des écrivains en cette langue était alors très-restreint.

Grotius paraît avoir visé, avec plus de discernement que quelques autres, à imiter la brièveté nerveuse de Tacite. Quoiqu'il ne soit pas toujours exempt d'une certaine dureté, qu'il ne soit pas assez coulant, et qu'il soit par conséquent inférieur en élégance à plusieurs écrivains du XVIe siècle, on peut néanmoins considérer ses écrits comme un monument de style vigoureux et expressif[1].

Voici les principaux ouvrages de Grotius :

Recueil de poésies. La Haye, 1601.

Mare liberum, seu de jure quod Batavis competit ad Indica commercia. 1609.

De Antiquitate reipublicæ batavicæ. 1610.

De Veritate religionis christianæ.

Ordinum Hollandiæ et Westfrisiæ Decretum pro pace ecclesiarum, munitum S. Scripturæ, Conciliorum, Patrum, confessionum et theologorum testimoniis.

De Imperio summarum potestatum circa sacra.

Defensio fidei catholicæ, de Satisfactione Christi, adversùs Faustum Socinum Senensem.

Conciliatio dissidentium de re prædestinatoriâ atque gratiâ opinionum.

[1] HALLAM, *Histoire de la littérature de l'Europe*, t. III, p. 14 et 15.

Disquisitio, an Pelagiana sint illa dogmata, quæ nunc sub eo nomine traducuntur.

Philosophorum veterum sententiæ de fato, et de eo quod est in nostrâ potestate.

Commentarius ad loca quædam Novi Testamenti de Antichristo.

Dissertatio de Cœnæ administratione, ubi pastores non adsunt.

Via ad pacem ecclesiasticam.

Explicatio trium utilissimorum locorum N. T. in quibus agitur de Fide et operibus.

Votum pro pace ecclesiasticâ.

De summo Sacerdotio.

De Dogmatis, Ritibus et Gubernatione ecclesiæ christianæ.

Apologeticus eorum qui Hollandiæ, Westfrisiæ et vicinis quibusdam nationibus ex legibus præfuerunt ante mutationem, anni 1618. Parisiis, 1622.

De Jure belli ac pacis, libri tres. Parisiis, 1625.

Excerpta ex tragediis et comediis græcis, tùm quæ exstant, tùm quæ perierunt, emendata et latinis versibus reddita. 1626.

Euripidis tragedia Phenissæ, emendata ex manuscriptis, et latina facta ab Hugone Grotio. Parisiis, 1630.

Florum sparsio in jus Justinianeum et in loca quædam juris civilis. Parisiis, 1642.

De Origine gentium americanarum dissertatio prior. 1642.

De Origine gentium americanarum dissertatio altera, adversus obtrectatorem opaca bonum quem fecit barba. Parisiis, 1643.

Historia Gothorum, Vandalorum et Longobardorum. 1655.

Annales et historiæ de rebus belgicis; ab obitu Philippi regis usque ad inducias. Anni 1609. Amstelodami, 1657.

Hugonis Grotii Epistolæ. Amstelodami, 1687.

Le traité de la *Liberté des mers*, publié en 1609, fut écrit pour combattre la prétention des Portugais à la navigation exclusive dans la mer des Indes, dont ils réclamaient la souveraineté contre la Hollande, en vertu des bulles du pape Alexandre III. Grotius y soutint la théorie, devenue une règle du droit public moderne, que la mer est libre, et que nulle nation ne peut s'en arroger la propriété. Plus tard, dans son ouvrage *De jure belli et pacis*, il devait s'appliquer à prouver la vérité de ce principe d'une manière générale, et sans aucune vue particulière et restreinte. On sait que le traité de Grotius sur la *Liberté des mers*, fut combattu par Selden dans un ouvrage intitulé : *Mare Clausum*, publié en 1635. Le but de cet auteur avait été de justifier la prétention élevée par l'Angleterre sur la souveraineté exclusive des mers qu'on appelait si orgueilleusement les mers britanniques. Le publiciste anglais s'efforça de prouver, dans cet ouvrage, que la mer est susceptible d'être possédée à titre de propriété par une nation [1]. Le livre de Selden fit tant de plaisir au roi d'Angleterre, dont il flattait l'amour-propre en caressant la chimère de la nation anglaise, qu'il en ordonna le dépôt en trois exemplaires : l'un dans les archives de la Tour de Londres, un second dans celles de l'Échiquier, et le troisième dans celles de l'Amirauté [2].

La Hollande récompensa son avocat par l'exil.

Mais l'ouvrage le plus remarquable de Grotius, celui auquel Grotius lui-même assignait le premier rang parmi ses écrits, ce fut l'immortel traité *De la Guerre et de la Paix* [3].

Pour apprécier à sa juste valeur l'importance du livre de Grotius, il faut remonter par la pensée aux temps

[1] Voir, HAUTEFEUILLE, *Des Droits et des devoirs des nations neutres,...* 2e édit., Guillaumin, 1858, t. I, p. 46 et suiv.; *Histoire des origines du Droit maritime,...* édit. Guillaumin, 1858, p. 268; CAUCHY, *le Droit maritime international*, édit. 1862, t. II, p. 92 et suiv.

[2] MASSÉ, *le Droit commercial, dans ses rapports avec le Droit des gens*, etc., édit. Guillaumin, 1861, t. I, p. 87.

[3] Il s'exprime ainsi dans une lettre à son frère, du 31 décembre 1628, en lui envoyant l'exemplaire augmenté, sur lequel devait se faire la nouvelle édition : « *Mitto libros de Jure belli ac pacis, cum non exiguâ accessione. Horum curam tibi et amicis commendo, ut inter mea opera, si quid rectè judico, eminentium.* » *Append. Epist.* 196.

qui avaient précédé l'œuvre de cet illustre précurseur.

L'antiquité païenne n'avait pas séparé le *droit naturel* de la *morale*. Il ne pouvait être question de *droit naturel* là où régnait le panthéisme, qui, confondant Dieu et la création, l'homme et la société, faisait de l'univers un engrenage de puissances maîtresses les unes des autres, et empêchait l'humanité d'avoir la conscience de ses droits. Certes, dans la Grèce antique, le citoyen s'élevait jusqu'au sentiment de sa liberté; mais cette liberté, au lieu d'être conçue comme un droit inné et inviolable de l'homme, était acceptée comme un don octroyé par l'État qui eût pu absorber la liberté, comme il absorbait la personnalité du citoyen. Pythagore, Platon, Aristote, n'approuvaient-ils pas d'ailleurs l'institution de l'esclavage, la promiscuité des femmes et autres attentats contre le droit naturel? Sénèque et Cicéron ont écrit à Rome d'admirables pages sur la *loi naturelle*; mais les sévères théories du Portique ne pouvaient s'entendre que de la morale. C'était du cri de la conscience que parlait Cicéron dans sa magnifique amplification du livre III de *la République;* c'était dans le même sens que les jurisconsultes romains invoquaient la *raison naturelle* et *l'équité*[1].

Les changements introduits par le christianisme dans le droit public et dans la législation civile des peuples furent profonds[2]. Par l'esprit d'égalité qui l'animait à son origine, il tendit à égaliser les hommes dans l'ordre moral et social comme dans l'ordre religieux. Il rappro-

[1] Voir ESCHBACH, *Introduction générale à l'étude du Droit*, 3e édit., 1856, p. 20.

[2] Voir notamment le remarquable ouvrage de M. TROPLONG, *De l'influence du christianisme sur le Droit romain*, et l'ouvrage de M. Schmidt, intitulé : *Essai historique sur la société civile dans le monde romain, et sur sa transformation par le christianisme*. (Strasbourg, 1853.)

cha les conditions, il effaça les différences désavouées par la nature. L'état des personnes, l'esclavage, le mariage, les secondes noces, le divorce, les degrés de parenté, le concubinat, les puissances paternelle et maritale, tout fut changé, et une modification correspondante s'opéra dans l'ordre des choses : la succession et le droit de propriété reçurent de notables réformes. L'influence du christianisme sur les législations du Moyen Age ne fut pas moins considérable. Partout il substitua des maximes plus élevées et des formes plus douces aux lois et aux coutumes barbares [1]. Les Pères de l'Église commencèrent à formuler une nouvelle théorie du droit opposée à la doctrine de l'antiquité; mais chez eux la notion du droit était encore plus ou moins confondue avec la religion et la morale. C'est au commencement du XIVe siècle qu'apparaissent, dans le domaine de la jurisprudence, les premiers ouvrages dans lesquels Marsilius de Padoue, Guillaume d'Occam, Léopold de Bebenburg, revendiquent les droits du pouvoir séculier contre les prétentions de la papauté, et soutiennent que l'empire romain n'a pas été transféré aux rois francs par le pape, mais par le consentement du peuple [2].

La Réforme religieuse ouvrit au Droit naturel une ère nouvelle. En reprenant l'élément personnel et subjectif de la conscience par la consécration du libre examen, en favorisant les recherches sur les origines historiques et philosophiques de toutes les institutions, cette glorieuse émancipation de la pensée donna naissance à un grand nombre d'ouvrages, dans lesquels les questions de droit

[1] Voir les profondes et célèbres *Leçons* de M. GUIZOT sur *la civilisation en Europe*, et *la civilisation en France*.

[2] Voir AHRENS, *Cours de Droit naturel*, V^{e} édit., 1860, p. 544 et suiv.

et de politique furent examinées avec un esprit plus ou moins critique. Mais les précurseurs de Grotius considérèrent longtemps encore l'Écriture comme la source unique du droit, n'accordant à la raison que la simple faculté d'interpréter. Avant Grotius, les écrivains de la Réforme n'avaient point encore distingué avec précision, parmi les devoirs de l'homme, ceux dont l'accomplissement ne relève que de sa conscience, et ceux à l'exécution desquels il peut et doit être extérieurement contraint. Les auteurs de cette époque antérieure au livre *de la Guerre et de la Paix*, concevaient, il est vrai, le droit naturel comme une science spéciale, mais ils rattachaient cette science aux dogmes et aux préceptes de la religion chrétienne. Ils faisaient découler le droit naturel de la nature humaine; mais comme cette nature a été pervertie par le péché originel, et que la raison a été obscurcie et affaiblie, ils pensaient que le droit naturel a besoin de l'appui de la théologie, et que la raison doit être éclairée et fortifiée par la révélation [1].

Une place importante appartient dans ce mouvement d'idées à la scolastique

Le livre de Suarez peut servir d'exemple typique de ce genre de théologie, de métaphysique, de morale, de jurisprudence, qui remplit les in-folios des XVIe et XVIIe siècles, surtout ceux qui appartiennent à l'Église de Rome, et auquel on peut donner en général le nom de méthode scolastique [2]. Deux caractères remarquables

[1] AHRENS, *Libr. cit.*, p. 151.

[2] Suarez, suivant Hallam, « l'homme le plus éminent dans la science de la philosophie morale, que l'ordre de Loyola ait produit dans ce siècle » (*Libr. citat.*, t. III, p. 237), fut le précurseur de Grotius et de Puffendorf. Il naquit en 1548, et mourut en 1617. Il exploita la plus grande partie du terrain qui fut plus tard occupé par les deux publicistes que nous venons de citer Son livre, intitulé : « *Tractatus de legibus ac Deo legislatore*,

dominaient dans ces livres : leur forme systématique, la multiplicité de leurs divisions, et le désir sincère que manifestaient les auteurs d'épuiser le sujet en le présentant sous toutes ses faces, en le suivant dans toutes ses ramifications, dans toutes ses conséquences. La fécondité de ces hommes qui, comme Suarez, étaient façonnés à la discipline scolastique, à laquelle se rapporte la méthode des casuistes [1] et des canonistes, était quelquefois étonnante. Leurs aperçus n'étaient point mutilés et incomplets; il pouvait leur arriver de ne pas résoudre les objections d'une manière satisfaisante, mais il était rare qu'ils les passassent sous silence; ils embrassaient un vaste champ de pensée et d'érudition; ils écrivaient moins pour le moment, et se trouvaient moins sous l'influence de préjugés locaux et temporaires, que bien des hommes qui ont vécu dans des temps meilleurs pour la philosophie. Mais ils avaient aussi de grands défauts : leurs distinctions embrouillaient les questions, au lieu de les éclaircir; leurs systèmes n'étant pas fondés sur des principes clairs, finissaient par devenir confus et incohérents; leur méthode manquait quelquefois de suite; les difficultés qu'ils abordaient étaient trop ardues pour eux; ils étaient accablés sous la multitude, et embarrassés par le désaccord de leurs autorités [2].

in decem libros distributus, utriusque fori hominibus non minùs utilis quam necessarius, » est un *in-folio* de 700 pages à deux colonnes, et d'une impression serrée.

[1] « Les Jésuites ont l'*honneur*, dit Hallam, d'avoir, les premiers, rendu public un système de fausse morale qui a pris d'eux son nom, et qui n'a fait qu'accroître l'animadversion sous le poids de laquelle cet ordre a succombé. Leurs traités de casuisme sont excessivement nombreux; quelques-uns appartiennent aux vingt dernières années du XVIe siècle; mais un bien plus grand nombre au siècle suivant. » (*Libr. citat.*, t. III, p. 234.)

[2] HALLAM, *Libr. citat.*, t. III, p. 239.

Les casuistes, en traitant des cas de conscience, avaient fréquemment parlé incidemment de la guerre, des promesses, des serments, des prises et reprises. Mais les auteurs qui avaient particulièrement traité des droits de la guerre étaient, — Grotius le dit lui-même, — ou bien des théologiens comme Francisco de Victoria, Henri de Gorcum, Guillaume Matthéus; ou bien des docteurs de droit civil, tels que Lupus, Arius, Jean de Lignano et Martinus Laudensis. Cependant aucun de ces auteurs n'avait épuisé ce sujet, et pour la plupart ils l'avaient traité d'une manière fort peu méthodique, confondant ensemble les conclusions du droit naturel, du droit canon, du droit civil et du droit international [1].

Il y aurait cependant de l'injustice à ne pas reconnaître que la plupart de ces auteurs avaient formulé de généreuses maximes.

Dans sa *Dissertation sur les Indiens*, Francisco de Victoria [2] avait posé en principe que l'infériorité relative de ces peuples, n'était point un motif pour les réduire en servitude, ou même en tutelle; il avait démontré le peu de fondement de cette opinion des jurisconsultes de Bologne, qui revendiquaient au profit du pape le pouvoir de disposer en faveur de tel ou tel prince, du territoire ou de la souveraineté des nations infidèles [3]; il avait contesté qu'il fût permis de faire la guerre aux infidèles en se fondant sur leur refus de se convertir à la foi chrétienne [4]; il avait recommandé aux Espagnols d'établir des comptoirs de commerce sur les côtes, au lieu d'en-

[1] Voir WHEATON, *Histoire des progrès du Droit des gens*, t. I, p. 56.

[2] Né en 1480, mort en 1546.

[3] *De Indis, sive de titulis legitimis (vel non legitimis) quibus Barbari potuerunt venire in ditionem Hispanorum. Sectio secunda*, § 1 et 6.

[4] *Ibid.*, § 14.

treprendre des guerres de conquête[1]. Dans sa dissertation intitulée : *De jure belli*, le dominicain espagnol refusait hautement de reconnaître comme de justes motifs de guerre, la différence de religion chez le peuple ennemi, le besoin ou l'ambition d'étendre les frontières, le désir de la gloire, la recherche de tout autre avantage personnel[2]. « Puissent les rois, disait-il, dépositaires de ce droit terrible, ne jamais chercher des occasions, encore moins des prétextes pour rompre cette paix que l'apôtre des nations nous ordonne de conserver, s'il est possible, avec tous les hommes, nous rappelant que nous sommes frères ici-bas, et que nous avons au ciel le même Dieu, qui sera un jour notre juge commun. » « Il ne suffit pas, ajoutait-il, que la guerre soit entreprise pour de justes causes; il faut la faire de telle sorte qu'au lieu de poursuivre l'extermination de l'ennemi, on n'ait en vue que la défense du pays, le triomphe du bon droit et l'établissement d'une paix durable... La guerre achevée, le vainqueur chrétien se posera comme un juge d'équité entre les deux peuples, et sans négliger la satisfaction due à son pays pour l'injustice dont il a souffert, il ménagera autant que possible l'État coupable, car il se rappellera que, le plus souvent, c'est par la faute des rois que s'allument les guerres, et que les peuples ne font que suivre de bonne foi le drapeau de leur prince et de leur patrie[3]. »

Si Victoria avait revendiqué pour les Indiens le droit de se gouverner eux-mêmes, Dominique Soto, son élève,

[1] *Ibid.*, § *ultim.*

[2] *De jure belli*, § 10 à 14.

[3] *Ibid.*, § 60.

[4] Né en 1494, mort en 1560. Son ouvrage est intitulé : *Fratris dominici Soto, Segoviensis theologi, libri decem de justitiâ et jure*, 1560. L'édition la plus connue est celle de 1582 (*Lugduni*).

n'avait pas craint de se prononcer pour la liberté, dans ce grand procès où Las Casas plaidait en faveur des indigènes, et Sepulveda pour le maintien de leur servitude. Appréciant le droit que pouvaient avoir les Portugais d'acheter, sur la côte de Guinée, les esclaves noirs qu'ils importaient dans les colonies de l'Amérique : « Que l'on sache bien, s'était-il écrié, que ni les vendeurs, ni les acquéreurs, ni les maîtres de ces esclaves, ne peuvent avoir la conscience en sûreté jusqu'à ce qu'ils aient rendu ces hommes à la liberté, quand même il n'y aurait aucun espoir de recouvrer le prix déboursé pour leur achat [1]. » Malgré sa tendance à justifier les rigueurs de la guerre, Balthazar Ayala [2] n'avait point omis de recommander aux rois les voies de la douceur, et de les inviter à se faire aimer plutôt que craindre de leurs sujets. C'était beaucoup pour un grand prévôt de l'armée espagnole dans les Pays-Bas, sous Philippe II. Alberico Gentili [3], enfin, le précurseur de Grotius, avait proclamé qu'il n'y a de guerres justes, que celles où l'emploi de la force est devenu l'unique moyen de faire prévaloir le droit, ou de réparer l'injustice.

Mais ces divers traités étaient dépourvus des qualités

[1] *De Just. et Jur.*, lib. IV, *quœst.* II, art. 2.

[2] Né en 1548, mort en 1584. Son traité *De Jure et officiis belli* était dédié au duc de Parme.

[3] Né en 1551, mort en 1611. Auteur d'un des premiers traités complets sur le droit de la guerre, *De Jure belli*, publié en 1589, et dédié au comte d'Essex, qui l'avait aidé à obtenir la place de professeur à Oxford. « Il fut le premier, dit Lampredi, à expliquer les lois de la paix et de la guerre, et par là suggéra probablement à Grotius l'idée de son ouvrage sur ce sujet... » Gentili publia aussi en 1583 un traité sur les ambassades, *De Legationibus*, qu'il dédia à son ami et protecteur l'illustre sir Philippe Sydney. Voir WHEATON, *Hist. des Progr. du Dr. des gens*, 3e édit., 1853, t. I, p. 49 et suiv., et Eug. CAUCHY, *Le Dr. marit. internat.*, 1862, t. II, p 33 et suiv.

qui constituent une œuvre. La forme du raisonnement y tenait trop de la méthode scolastique; l'ordre y manquait le plus souvent. Le traité *du Droit de la guerre*, de Victoria, pouvait tout au plus servir de programme d'une science à naître; l'ouvrage de Gentili sur le même sujet, avec une distribution meilleure des matières, accordait trop à la partialité, et, s'écartant des voies majestueuses de la science, se perdait dans la discussion passionnée des faits contemporains. Il fallait, pour parler à l'avenir, s'isoler de la politique et des passions qu'elle soulève; n'envisager que la pure théorie du droit; interroger avec calme les sages de tous les siècles sur les droits de l'humanité; soumettre froidement cette enquête grandiose au *critérium* de la conscience; apporter l'ordre dans le chaos, la lumière dans les ténèbres; réaliser pour le droit général la révolution que Galilée avait introduite dans les sciences cosmologiques, que Descartes devait effectuer dans la philosophie. La question n'était pas d'écrire un livre, mais d'élever un monument; il ne suffisait pas d'avoir une âme honnête et des aspirations généreuses : il fallait avoir du génie. La gloire d'être le fondateur de la science du droit de la nature et des gens, était réservée à Grotius.

Grotius, dit Adam Smith, fut « le premier qui essaya de donner au monde quelque chose comme un système de ces principes qui doivent faire la base et le fond des lois de tous les peuples; et son traité du *Droit de la guerre et de la paix*, est peut-être encore aujourd'hui, malgré toutes ses imperfections, le livre le plus complet qui ait été écrit sur cette matière. »

Ce livre eut un retentissement immense en Europe. Il fut reçu avec vénération et enthousiasme. On l'enseigna dans toutes les universités; on l'imprima, on le commenta comme un ancien[1].

La première édition de l'original fut presque toute débitée en très-peu de temps[2], et la réimpression aurait suivi bientôt après, sans les retards qu'entraîna la mort du libraire[3]. Les autres nations, à l'envi l'une de l'autre, enlevèrent à la France un ouvrage né dans son sein; et la patrie de Grotius, surtout, s'en empara comme d'un bien qu'elle croyait avoir droit de revendiquer. Elle fut cependant devancée par l'Allemagne. Il parut à Francfort, dès l'année 1626, une édition *in-octavo*, plus correcte que celle de Paris, et dans le corps de laquelle on inséra les additions qui se trouvaient à la fin du volume. Les libraires de Hollande étaient restés en arrière; mais sur la fin de l'année 1631, et au commencement de 1632, on vit paraître tout d'un coup trois éditions hollandaises. La première, *in-folio*, fut imprimée à Amsterdam, chez Guillaume Blaeu, sur les additions et corrections que Grotius lui avait fournies. La seconde, d'un plus petit format, fut publiée par J. Jansson, libraire de la même ville, à l'insu de l'auteur. Grotius témoigna publiquement que cette édition était peu correcte, surtout pour les citations des passages grecs. Il en revit donc un exemplaire, sur lequel Blaeu fit la troisième édition, dans le format *in-octavo*.

L'avertissement de cette troisième édition hollandaise est daté d'Amsterdam, où Grotius se trouvait alors (8 avril 1632).

Depuis cette édition, Grotius n'inséra plus d'additions dans le corps de son ouvrage. Il se borna à réunir, en

[1] Voir Bayle, *verbo* Grotius.

[2] Append., Epist. 104.

[3] *Ibid.*, Epist. 154, 183.

forme de notes, tout ce que sa mémoire ou ses lectures lui fournissaient de détails propres à justifier ou à developper sa pensée. Il regardait lui-même cet appendice d'annotations comme devant augmenter l'ouvrage au moins de moitié, par le grand nombre d'autorités anciennes et modernes qui s'étaient présentées sous sa plume, et qu'il avait jugé utile d'invoquer [1]. C'est ce qui servit à faire valoir la nouvelle édition qui parut à Amsterdam en 1642, et qui fut la dernière que Grotius vit publier. Il n'eut pas le temps, ni peut-être la volonté, de préparer de nouvelles additions. Une édition posthume fut publiée en 1646. Les autres éditions, publiées depuis, n'ont fait que copier cette édition posthume, jusqu'à celle de 1720.

Barbeyrac cite parmi les détracteurs du livre de Grotius, Jean de Felde, professeur de mathématiques à Helmstadt, qui publia sur cet ouvrage des notes pleines d'animosité, en 1653 [2]. Théodore Graswinckel, jurisconsulte parent de Grotius, natif comme lui de Delft, et qui avait servi de copiste à notre auteur pour mettre au net le livre même dont il entreprit la défense, publia en 1654 une réponse à la critique de Jean de Felde Ce dernier attendit pour répliquer, qu'on réimprimât ses notes en Allemagne, ce qui n'arriva qu'en 1663, et il y joignit des *Réponses à la Réfutation de Graswinckel* [3]. Une polémique assez vive s'engagea; mais le défenseur de Gro-

[1] II Part., Epist. 471; I Part., Epist. 1234.

[2] Voir une lettre de Saumaise, dans le t. I, *Animadv. Philol. et Histor.* de Th. Crenius, p. 22. — Thomasius, *Paulò plenior Histor. Juris Naturalis*, cap. vi, § 3. — Buddeus, *Histor. Jur. Natur.*, § 27.

[3] A Iéna, sous le titre de *Joannis A Felden annotata in Hugonem Grotium, De Jure Belli et Pacis; cum responsionibus ad stricturas Graswinckelii.* Le titre du livre de Graswinckel était : *Stricturæ ad censuram J. A. Felden*, etc.

tius, soit par impuissance [1], soit par mépris des chicanes de son adversaire, la fit cesser bientôt par son silence [2].

Comme il arrive toujours, les efforts redoublés de la critique envieuse ne diminuèrent rien de la popularité de l'œuvre de Grotius. Il ne firent que l'augmenter, en excitant la curiosité de comparer la critique avec le livre critiqué. L'électeur palatin, Charles-Louis, ordonna qu'on l'expliquât publiquement dans l'université d'Heidelberg. En 1663, dans l'année même où de Felde publiait la nouvelle édition de ses Notes, Henri Boecler, professeur d'histoire à Strasbourg, faisait paraître la première partie d'un commentaire, tout empreint d'enthousiasme pour l'ouvrage de Grotius. Dans une lettre écrite au baron de Boinebourg, chancelier de l'électeur de Mayence, Boecler portait l'admiration jusqu'à *jurer* « que personne ne s'élèverait jamais au degré de gloire qu'avait atteint Grotius; que l'ouvrage de cet auteur restait et resterait toujours incomparable, et que ceux qui s'aviseraient de vouloir le surpasser sur un point quelconque, s'exposeraient à la risée de la postérité [3]. » Cet enthousiasme valut à Boecler et à ceux qui suivirent son opinion, de la part des théologiens et des jurisconsultes scolastiques, le sobriquet de *Grotiens*.

On cite encore les *Notæ subitariæ* de Gaspar Ziégler, professeur de droit à Wittemberg, publiées en 1666; et les *Observationes maximam partem theologicæ* de Jean-Adam Osiander, parues à Tubingue en 1671 : celles-ci, toutes empreintes d'une acrimonie mal déguisée, et pleines de malveillantes insinuations; celles-là moins

[1] THOMASIUS, *Histor. Jur. Natur.*, cap. VI, § 3.

[2] BUDDEUS, *Histor. Jur. Natur.*, § 27.

[3] Thomasius a inséré cette lettre tout entière dans sa : *Paulò plenior Historia Juris Naturalis*, publiée en 1719, *Append.* II.

étendues, « *écrites à la hâte*, » mais inspirées par l'admiration pour le génie de Grotius.

Henri Henniges publia aussi en 1673 des *Observations politiques et morales* sur le Traité *du Droit de la Guerre et de la Paix*. La popularité était désormais acquise à cet ouvrage. On le réduisit en tables [1]; on en composa des abrégés, dont quelques-uns en forme de demandes et réponses.

Jean-Frédéric Gronovius, professeur de belles-lettres, avait expliqué à ses élèves, dans des leçons particulières, le traité *du Droit de la Guerre et de la Paix*. Ses notes parurent après sa mort, en 1680, et furent reproduites depuis dans toutes les éditions de Hollande, dans quelques-unes d'Allemagne, et même dans une édition publiée à Naples, et citée par Barbeyrac. « La plupart des notes de Gronovius, dit Barbeyrac, sont assez inutiles, puisqu'elles ne font qu'exprimer le sens de l'auteur en d'autres termes, qui ne sont pas toujours plus clairs... » Cette appréciation est trop sévère, et peut-être pas assez dégagée de partialité. Concises et d'une extrême précision, les annotations de Gronovius ont le mérite de paraphraser avec la plus scrupuleuse exactitude les propositions trop laconiques souvent de l'écrivain hollandais. Le latin très-correct et très-pur de Grotius, avait besoin cependant, dans maint endroit, de développements et d'analyse. Gronovius a fort opportunément éclairci par son court commentaire plus d'un passage, et Barbeyrac, d'ailleurs, ne s'est point fait défaut d'emprunter largement à cet annotateur. La plupart des digressions si indiscrètement ajoutées par Barbeyrac au texte de Grotius, sont, en effet, puisées dans les notes de Gronovius.

[1] On dit que Grotius en avait lui-même fait une. (BARBEYRAC.)

Citons l'édition avec des notes *variorum*, publiée à Francfort-sur-l'Oder en 1691 et due à Jean-Christophe Becman[1] ; deux éditions publiées en 1696, l'une à Francfort et l'autre à Utrecht : la première, accompagnée d'un commentaire par Jean Tesmar, professeur de droit à Marpourg, et que Barbeyrac qualifie de « méchante compilation de passages d'auteurs anciens ou modernes ; » la seconde, avec un commentaire de Guillaume van der Muelen, chanoine de Sainte-Marie à Utrecht. « C'est, dit Barbeyrac, le commentaire le plus ample et le plus raisonné qu'on ait encore vu sur le Traité *du Droit de la Guerre et de la Paix.* » Le second volume de ce commentaire vit le jour en 1700, et le dernier, trois ans après.

Barbeyrac, qui a donné de précieux détails sur la bibliographie de l'ouvrage de Grotius, indique plusieurs traductions en langues étrangères. Il cite la version suédoise, faite par ordre du roi Gustave-Adolphe, et deux versions flamandes, dont la dernière, de date plus récente, comprenait la traduction des notes de Gronovius.

On pensait à traduire le livre de Grotius en anglais du vivant même de notre auteur, comme il nous l'apprend par une de ses lettres[2] ; mais il ne paraît pas que ce projet ait été exécuté longtemps même après sa mort. Barbeyrac mentionne deux traductions anglaises, dont la première fut publiée en 1682, après la mort du traducteur Guillaume Evats, et dans laquelle le traducteur ne s'est pas borné à mélanger avec le texte les notes de Grotius, mais s'est avisé même d'intercaler ses propres observations. La seconde version, publiée quelques années

[1] Réimprimée depuis en 1699.

[2] I Part., Epist. 1285.

seulement avant l'édition de Barbeyrac, a été l'œuvre de plusieurs traducteurs, et paraît ne pas avoir joui d'une grande réputation, à l'époque même où elle a été donnée au public [1].

La première traduction allemande a été publiée en 1707; elle a été faite par M. Schutz, autrement nommé P. B. Sinoldus, conseiller des comtes de Reussen, et directeur des fiefs. Thomasius y joignit une grande et curieuse préface, contenant l'histoire du droit naturel jusqu'à Grotius [2].

La bibliographie raisonnée du droit des gens, publiée à la suite du *Précis* de Martens, si savamment annoté par M. Ch. Vergé [3], rappelle que d'Ompteda, dans sa littérature du droit des gens, cite 45 éditions jusqu'à 1758. Les meilleures sont : *Cum notis J.-F. Gronovii, Amstel.*, 1700, 1701, 1702 et 1712, in-8°; *Cum notis Gronovii et Jo. Barbeyracii, Amstel.*, 1719, 1720; 2e édit., *Amstel.*,

[1] *Histoire critique de la République des Lettres*, t. VIII, p. 393, 394. — Il a été publié en 1853, en Angleterre, une édition de Grotius dont voici le titre : *Hugonis Grotii, De Jure Belli et Pacis, libri tres*, accompagnied by an abriged translation by William Whewell D. D., master of trinity college, and professor of moral philosophy in the university of Cambridge; with the notes of the author, Barbeyrac and others. Cambridge, 1853 (John W. Parker).

Cette édition est en trois volumes. Le texte latin de Grotius forme le corps de l'ouvrage; puis viennent les notes de Grotius, et quelques notes des commentateurs; enfin la traduction anglaise, qui n'est, du reste, qu'une *abréviation*, qu'un *sommaire* du texte de Grotius, et non une traduction. Le premier volume contient une préface de l'éditeur; la dédicace de Grotius à Louis XIII; les deux préfaces de Barbeyrac, de 1720 et 1735; les prolégomènes de Grotius; le livre Ier et le livre II, jusqu'au chap. VIII inclusivement. Le second volume comprend les chapitres IX à XXVI inclusivement du second livre; et le troisième volume, tout le livre III.

[2] Thomasius a reproduit et continué, depuis, cette histoire du droit naturel, dans sa : *Paulò plenior Historia Juris naturalis*.

[3] Édit. Guillaumin (2e édit.), t. II, p. 392.

1735; 3e édit. *Lipsiæ*, 1753, 2 vol. in-8°; nouvelle édition par Tydemann, *Utrecht*, 1772, in-8°; avec commentaire, de G. Van der Meulen, *Ultraj.*, 1796, 1700, et *Amstel.*, 1704, 3 vol. in-fol.; avec commentaire, de H. Cocceius, 1751, 5 vol. in-4°. La traduction française de Jean Barbeyrac, 1724 et 1729, *Bâle*, 1746 et 1750; 4e édit., *Amst.*, 1754, in-4°; 5e édit., 1759, in-4°; 6e édit., *Bâle*, 1768, en 2 vol. La traduction française de M. de Courtin a été faite sur une dernière édition de 1667, conférée avec une édition de 1631. Antoine de Courtin avait été envoyé extraordinaire de Charles-Gustave, roi de Suède, auprès de Louis XIV; puis, résident général de la cour de France vers les princes et États du Nord. Il mourut à Paris, en 1685. On imprima peu de temps après sa mort sa traduction en 2 volumes in-4°. Cette traduction fut aussitôt réimprimée à La Haye, en 3 volumes in-12, en 1688, et, de nouveau, en 1703. On cite une autre traduction française, par A.-J. Dugour, publiée à Paris en 1792, 2 vol. in-8°.

Le grand nombre de ces éditions atteste la popularité considérable qui s'est attachée à l'œuvre de Grotius. « La publication de ce traité, dit Hallam, fit époque dans l'histoire philosophique, on pourrait presque dire dans l'histoire politique de l'Europe. Ceux qui cherchaient un guide pour leur propre conscience ou pour celle d'autrui, ceux qui dispensaient la justice, ceux qui en appelaient au sentiment public du droit dans les rapports des peuples entre eux, eurent recours à ces copieuses pages pour y trouver la règle de leur conduite ou la justification de leurs actes. Trente ou quarante ans après sa publication, l'ouvrage de Grotius était généralement reçu comme autorité par les professeurs des universités continentales, et regardé comme nécessaire à l'étude du droit

civil, du moins dans les États protestants de l'Europe. En Angleterre, la différence des lois et quelques autres causes retardèrent l'influence de Grotius, qui, en définitive, y fut bien moins générale. Il n'en jouit pas moins d'une haute considération comme le fondateur du droit moderne des nations, science qui se distingue de celle qui portait autrefois ce même nom, par ses rapports plus intimes avec le droit naturel [1]. »

L'ouvrage de Grotius a cependant été l'objet de nombreuses critiques. Il a particulièrement été attaqué par Dugald Stewart, dans sa première dissertation sur le *Progrès de la Philosophie*.

Hallam a résumé les objections de ce philosophe.

Dugald Stewart mentionne le but attribué à Grotius, d'avoir voulu donner, sous le titre *de Jure Belli ac Pacis*, un système complet de droit naturel, et il répond que, suivant Condillac, Grotius aurait choisi ce titre *afin d'exciter une curiosité plus générale*.

Hallam combat avec justice cette insinuation. « Grotius, dit-il, choisit ce titre parce qu'il exprimait mieux qu'aucun autre cet objet : la recherche des lois qui lient les communautés indépendantes dans leurs rapports mutuels de guerre ou de paix. Mais comme il n'était pas possible de poser des principes solides de droit international, avant d'avoir clairement établi les idées de droit, de souveraineté, de domination sur les choses et les personnes, de guerre même, il devint indispensable de s'asseoir sur une base plus large que n'ont cru devoir le faire des écrivains modernes sur le droit des gens, qui ont trouvé ce travail préparatoire tout fait [2]. Toute

[1] *Histoire de la Littérature de l'Europe*, t, III, p. 279, 280.

[2] Barbeyrac explique autrement le titre que Grotius donna à son traité. Suivant lui, Grotius avait remarqué qu'un des plus funestes effets de l'i-

philosophie éthique, même dans ces parties qui ont un rapport intime avec la jurisprudence et le droit international, était du temps de Grotius un chaos d'idées incohérentes et arbitraires, tirées de différentes sources, des écoles de l'antiquité, de l'Écriture, des Pères, des canons, des théologiens casuistes, des rabbins, des juristes, ainsi que des coutumes et opinions de tous les peuples civilisés, passés et présents, des Juifs, des Grecs et des Romains, des républiques commerçantes, des royaumes chevaleresques de l'Europe moderne. Si Grotius ne s'est pas toujours reconnu dans ce dédale, au travers duquel il se fraie péniblement un chemin à la lueur de la raison et de la révélation, il a du moins déblayé une partie du terrain, et plus souvent encore mis les autres dans la bonne voie, lorsque lui-même n'a pas pu la suivre. Condillac, suivant la citation de Stewart, aurait eu l'initiative de l'accusation reproduite par Paley contre Grotius, d'avoir cherché à appuyer ses conclusions sur l'autorité d'autrui, et entassé une masse de citations pour prouver

gnorance du droit de la nature et des gens, était la licence prodigieuse de la guerre. Il voulait que son livre fût lu surtout de ceux qui pouvaient efficacement y porter quelque remède. Il savait, d'ailleurs, que rien n'est plus propre à introduire le goût d'une science, que l'exemple des grands qui l'estiment ou la cultivent eux-mêmes. Pour les engager à lire son livre, il choisit un sujet particulier, qui ne pouvait que réveiller leur attention. Le *Droit de la Guerre et de la Paix* lui sembla un titre suffisamment « *éclatant* » pour frapper l'attention des personnes de tout ordre. Usant donc d'un *innocent artifice*, Grotius parut, par l'intitulé de son livre, se borner à ce qui regarde les affaires de la guerre et de la paix dont elle est suivie; mais cependant il y fit entrer des principes généraux pour toutes les autres matières du droit naturel, du droit des gens et du droit public universel. Ainsi, ce qui était le principal dans l'intention de l'auteur, devint comme l'accessoire, mais un accessoire qui fournissait des matériaux pour bâtir un édifice plus régulier. Il est difficile de se rallier à cette explication. La supercherie dont parle Barbeyrac eût été innocente; mais eût-elle été digne du caractère de Grotius ?

les propositions les plus évidentes. Mais il faut se rappeler que, ni la disposition du siècle dans lequel vivait Grotius, ni la nécessité réelle d'illustrer chaque partie de ses recherches par les usages antérieurs des hommes, ne lui permettaient de traiter de la philosophie morale comme des théorèmes abstraits de la géométrie. Si son érudition l'a quelquefois embarrassé ou égaré..., il n'en est pas moins vrai qu'une ignorance dédaigneuse de ce qui a été fait ou enseigné, ignorance qui caractérisait l'école de Condillac comme celle de Paley, prépare assez mal le philosophe à la recherche des principes qui doivent régir la nature humaine[1]. »

« Le système de la jurisprudence romaine, ajoutait Stewart, paraît avoir singulièrement préoccupé Grotius dans toutes les questions qui se rattachent à la théorie de la législation, et avoir distrait son attention de cette idée philosophique du droit, si bien exprimée par Cicéron : *non à prœtoris edicto, neque à duodecim tabulis, sed penitùs ex intimâ philosophiâ hauriendam juris disciplinam.* Il n'a pas, il est vrai, poussé cette idolâtrie du droit romain aussi loin que quelques-uns de ses commentateurs, qui ont été jusqu'à affirmer que ce n'est qu'un autre nom pour la loi de nature ; mais personne, je crois, ne contestera aujourd'hui que sa partialité pour les études qui se rattachaient à sa profession, lui a souvent fait méconnaître la différence qui existe entre l'état de la société dans l'Europe ancienne et dans l'Europe moderne. »

Hallam répond à ce reproche, que les questions qui se rattachent à la théorie de la législation, et que Grotius a discutées, sont principalement celles relatives à l'acqui-

[1] HALLAM, *Libr. citat.*, t. III, p. 318, 319.

sition et à l'aliénation de la propriété, dans quelques-uns des premiers chapitres du second livre. « Il est certain qu'il n'a pas adopté sur ces points toutes les opinions des juristes romains. Quant à la question de savoir si, dans certains cas, il s'y est attaché plus que ne le comporte la meilleure théorie de législation, les avis peuvent être partagés. Mais Stewart, complétement étranger aux lois romaines, ne paraît pas s'être fait une juste idée de leur valeur. Elles forment, dans la plupart des questions de droit privé, la grande base de toute législation moderne; et de même que tous les peuples civilisés ont tiré de cette source une grande partie de leur jurisprudence, de même les théoriciens modernes qui dédaigneraient de passer pour disciples de Paul et de Papinien, n'ont pas honte d'en être les plagiaires [1]. »

« Les écrits de Grotius, suivant Paley, sentent trop la manière du barreau; ils sont trop mêlés avec le droit civil et avec la jurisprudence, pour remplir précisément le but d'un système de morale, qui est la direction des consciences particulières dans la conduite générale de la vie. » « Mais le but de Grotius, répond Hallam, n'était pas de donner un système de morale; et son traité n'a jamais été présenté sous ce point de vue. Il est vrai qu'il a donné à certaines branches importantes de la morale, des développements suffisants pour diriger les consciences particulières dans la conduite de la vie; mais le grand objet de ses recherches était d'établir les principes du droit naturel, qui s'appliquent aux communautés particulières [2]. »

On a fait un crime à Grotius d'avoir trop accordé au pouvoir des rois; mais peut-être a-t-il voulu par de pru-

[1] HALLAM, *Libr. citat.*, t. III, p. 322.
[2] HALLAM, *Libr. citat.*, t. III, p. 315, 316.

dentes allures éviter tout soupçon de conformité avec les maximes séditieuses du jésuite Mariana, dont le livre venait d'être condamné à Paris. Partisan respectueux du pouvoir, Grotius est éloigné cependant de partager les théories absolutistes de Machiavel et de Hobbes. « J'ai vu le Traité *du Citoyen*, écrivait-il à son frère, le 11 avril 1643. Cependant je ne puis approuver les fondements sur lesquels l'auteur établit ses opinions. Il croit que tous les hommes sont naturellement en état de guerre, et il établit quelques autres choses qui ne s'accordent point avec mes principes [1].... »

J.-J. Rousseau [2] a reproché à Grotius d'avoir confondu le fait avec le droit, et les devoirs des nations avec leur pratique. Hallam repousse timidement cette insinuation. « Scrupuleux, dit-il, comme casuiste, jusqu'à un excès qui se concilie à peine avec le bien-être et la sécurité des honnêtes gens, Grotius fut le premier qui fit entendre aux princes les préceptes d'une religieuse innocence. Il est vrai qu'en reconnaissant la légitimité de l'esclavage, et en poussant trop loin les principes d'obéissance au gouvernement, il paraîtra peut-être avoir enlevé aux hommes quelques-unes de leurs garanties contre l'injustice; mais il y a infiniment loin de là à une sanction de cette même injustice. Un respect implicite pour ce qu'il considérait comme la vérité divine, était le premier axiome de la philosophie de Grotius. S'il se trompa quelquefois dans l'application de ce principe, son erreur tenait aux idées de son temps; mais ceux qui rejettent entièrement l'autorité, manquent d'un lien commun au moyen duquel ils puissent rattacher ses

[1] *Append. Epist.*, 648.
[2] *Contrat social.*

spéculations de philosophie morale avec les leurs [1]. »

D'autres objections moins sérieuses ont été dirigées contre Grotius. On a blâmé l'ordonnance de son ouvrage, comme peu scientifique [2]. Il est certain que la loi de nature aurait pu être assise sur sa base, avant de passer outre à toute discussion de ses rapports avec des communautés indépendantes. Il en serait résulté un notable changement dans l'objet principal que Grotius avait en vue ; et son traité, sous le rapport de la méthode, se serait rapproché beaucoup de celui de Puffendorf. « Mais Grotius admettant, comme il le faisait, l'autorité reconnue par ceux pour qui il écrivait, — celle des Ecritures, — il était moins porté à insister sur les preuves que fournit la raison à l'appui de la loi naturelle, quoique pleinement convaincu de sa validité, même sans avoir recours à l'Être suprême [3]. »

On a refusé à Grotius cette sagacité subtile et pénétrante, nécessaire aux investigations métaphysiques. « M. Grotius, écrivait Leibnitz à Thomas Burnet, était d'un très-grand savoir et d'un esprit solide ; mais il n'était pas assez philosophe pour raisonner avec toute l'exactitude nécessaire sur des matières subtiles, dont il ne laissait pas d'écrire [4]. » Mais Leibnitz n'a point aperçu que le mérite de Grotius a été surtout d'avoir porté dans les matières politiques et positives une raison indépendante et droite, et d'avoir résolu la question du droit naturel sans le secours de la théologie, en se servant — ce qu'on

[1] HALLAM, *Libr. citat.*, t. III, p. 323.

[2] Mackintosh. Voir ma traduction du discours de ce publiciste anglais, sur l'*Étude du droit de la nature et des gens*, à la suite de mon édition de Vattel, *Droit des gens* (édit. Guillaumin, 1863), t. III, p. 343.

[3] HALLAM, *Libr. citat.*, t. III, p. 324.

[4] *OEuvres de Leibnitz*, édit. Dutens, t. VI, 1re partie, p. 271.

n'avait pas fait jusqu'à lui encore — des seules lumières de l'esprit individuel.

On a dit enfin que Grotius devait son ouvrage à Alberico Gentili. Il est vrai qu'il a emprunté plusieurs détails à ce publiciste italien. Comme Alberico Gentili, il a divisé son ouvrage en trois livres; mais là se borne toute la ressemblance. L'auteur italien entasse les faits et ne les juge pas; il cite les textes, et ne tente jamais leur appréciation philosophique. Ce qui domine dans son traité *De jure belli*, c'est l'empire absolu et l'autorité sans appel des faits et des textes. Grotius, au contraire, esprit étendu et juste, mêle le bons sens à l'érudition; il commence presque toujours par juger lui-même, et ce n'est guère qu'après le jugement instinctif de sa raison qu'il appelle à son secours les textes et les faits.

Il convient toutefois de faire la part de la critique. Rien n'est parfait dans ce monde, et Grotius n'a pas moins payé tribut que tout autre aux faiblesses de l'esprit humain. Les défauts réels de Grotius, et qui l'ont entraîné vers des décisions souvent erronées, paraissent avoir été plutôt un excès inutile de scrupules et un reste de vieux préjugés théologiques, dont il était à peine un homme de son temps qui se fût affranchi, pour peu qu'il ne fût pas tout à fait indifférent à la religion [1]. S'il a formulé sur le droit naturel des principes généraux très-solides, il ne les a pas assez développés, et il faut beaucoup de méditation pour y suppléer. Il n'a pas montré suffisamment l'enchaînement des conséquences qui s'en déduisent, dans leur application aux sujets particuliers. Il n'a pas assez fait sentir, sur chaque matière, la liaison des preuves dont il s'est servi, avec les principes d'où il les a

[1] Voir HALLAM, *Libr. citat.*, t. III, p. 324.

tirées. Enfin, sans dire avec Paley que « vouloir gravement établir ou confirmer un devoir moral par le témoignage d'un poëte grec ou romain, c'est se jouer du lecteur, ou plutôt distraire son attention de tous les justes principes de la morale » ; sans partager complétement l'indulgence de Mackintosh à cet égard, il est cependant juste de reconnaître que Grotius a quelquefois été beaucoup plus loin que ne le permettaient les règles du goût, en accumulant les citations, et que cela lui a nui auprès d'un grand nombre de lecteurs.

Ces réserves faites, Grotius se présente au monde moderne comme le fondateur de la science du droit de la nature et des gens. C'est lui qui, le premier, a cherché le droit dans une source constante et permanente, dans la sociabilité innée à l'homme, et dans les jugements rationnels innés à l'esprit humain. Nul autre n'a su unir au même degré l'autorité de la raison et celle de l'expérience, la méthode philosophique et la méthode historique; nul n'a répandu une plus vive lumière, tant sur les principes que sur les faits. Aussi Vico l'avait-il appelé *le jurisconsulte du genre humain.* « Il est permis, dit Hallam, de considérer son ouvrage comme étant, dans son plan général, à peu près aussi original que peut l'être un ouvrage de l'homme à une époque avancée sous le rapport de la civilisation et du savoir. Il l'est plus, peut-être, que celui de Montesquieu[1].... » « Grotius est profondément philosophe, disait en 1864, au sein d'une académie illustre, un des savants les plus distingués dont s'honore la science du droit public[2]. Il s'inspire de la

[1] HALLAM, *Libr. citat.*; *t.* III, p. 280, 281.

[2] Voir au *Moniteur* du 29 février 1864, le compte-rendu des séances des 30 janvier, 6 et 13 février de l'Académie des sciences morales et politiques de France, et les observations de M. Franck.

philosophie de Platon et des stoïciens; le fond de ses sentiments est chrétien. Il sait emprunter à l'histoire les enseignements les plus variés, et les fait servir à la confirmation de ses œuvres. Ses citations vont au fond des choses; elles touchent à toutes les branches de la science : au droit pénal, que Grotius veut améliorer et faire sortir de l'état de barbarie où il était encore plongé; au droit politique, au droit civil, au droit international. Grotius éveille et féconde les idées; rien n'est ridicule en lui; il peut faire rire les praticiens étroits; il sera l'éternelle admiration des publicistes et des jurisconsultes vraiment dignes de ce nom. »

Si l'on pouvait douter de l'influence d'une grande œuvre sur un siècle, l'histoire des événements politiques qui se sont passés dans le monde depuis la publication de l'ouvrage de Grotius, suffirait pour donner un démenti à cette erreur.

Deux hommes ont surtout marqué dans la science politique de la Renaissance : Machiavel et Grotius.

Au XVIe siècle, Machiavel crée la politique expérimentale en la formulant comme un théorème géométrique. « Courtisan des Médicis, il donne dans le livre du *Prince* une théorie complète du succès à l'usage de ceux qui veulent tromper les peuples; il enseigne comment l'égoïsme, aidé par l'intelligence et l'habileté, peut exploiter, dans l'art du gouvernement, la religion, la vertu, la crédulité, la bonne foi et les diverses classes, les plus élevées comme les plus humbles, qui constituent un Etat; enfin, il nomme de son nom cette politique de l'astuce et de la ruse, qui fut de son temps celle de son pays, et qui substitue l'intérêt d'un seul à l'intérêt de tous.... Sceptique enfant du grand siècle du scepticisme, Machiavel se place en observateur impassible au-dessus des républiques et des monarchies, au-dessus de tous les dévouements et de toutes les ambitions. Il ne voit que les faits, et, prenant les choses les plus saintes comme des instruments que l'habileté doit manier à son gré, il ne demande à l'histoire qu'une seule leçon, l'art de réussir [1]. » Marie la Sanglante en Angleterre, Philippe II en Espagne, César Borgia en Italie, Catherine de Médicis, Charles IX, Henri III en France, sont les disciples de Machiavel. Un publiciste moderne, traçant le tableau de la société et du droit public en Europe au XVIe siècle, s'exprime ainsi : « Ce n'était plus qu'un amas de corruption, de dissimulation et de crimes qui réclamaient hautement un réformateur capable de parler aux rois et aux peuples le langage de la vérité et de la justice, et de mettre ainsi un terme à ce fléau moral [2]. »

Grotius paraît. Il publie en 1625 son traité du *Droit de la Guerre et de la Paix*, et bientôt la scène change. L'influence de Grotius s'introduit dans les conseils et dans la conduite des nations. Les documents de la diplomatie du XVIIe siècle se remplissent d'appels faits non-seulement aux considérations de politique, mais aussi aux principes du droit, de la justice et de l'équité, et à l'autorité des oracles du droit public, à ces règles et à ces principes généraux par lesquels les droits du faible sont protégés contre les envahissements de la force supérieure, par l'union de tous ceux qui sont intéressés dans le danger commun [3].

Machiavel inspire la Saint-Barthélemy et les massacres des Pays-Bas; Grotius prépare et rend possible

[1] *Étude sur Machiavel*, par Ch. Louandre, en tête des *OEuvres politiques* de Machiavel, traduction Périès, édit. Charpentier, 1864, p. 31.
[2] WHEATON, *Hist. des progrès du Droit des gens*, t. I, p. 53.
[3] *Ibid.*, t. I, p. 109.

la paix de Westphalie, qui marque comme une ère importante dans le progrès de la civilisation européenne; qui met un terme à la longue suite de guerres issues de la révolution religieuse accomplie par Luther et Calvin; qui fonde en Allemagne l'égalité des trois croyances; qui brise le sceptre des Césars; qui arrête les progrès de l'Allemagne vers l'unité nationale sous la bannière catholique, souillée par l'inquisition; qui amène le développement ultérieur de la Prusse, cette fille ambitieuse de la Réforme; qui consacre le droit qu'a tout peuple opprimé de secouer le joug de ses tyrans; et qui contribue à faire du système fédératif de l'Allemagne une nouvelle garantie de l'équilibre européen.

Grotius a donc imprimé au monde politique moderne une impulsion profonde. Par l'alliance féconde de la philosophie et de l'histoire, il s'est fait l'homme de la science politique au commencement du XVIIe siècle; et — pour me servir du langage d'un éloquent écrivain dont l'amitié a été précieuse à ma jeunesse — « la postérité a confirmé le mot prophétique de Henri IV, quand le jeune Hugues de Groot fut produit à la cour de France : *Voilà le miracle de la Hollande*[1]. »

P. PRADIER-FODÉRÉ.

[1] LERMINIER, *Introduction générale à l'Histoire du droit*, p. 126.

A LOUIS XIII

ROI TRÈS-CHRÉTIEN DES FRANCS ET DE NAVARRE

HUGO GROTIUS.

Ce livre ose, ô le plus éminent des Rois, inscrire à sa tête votre nom auguste, non par un sentiment de vanité, non parce que son auteur a confiance en lui-même, mais pour répondre au sujet qu'il traite, car il a été écrit en vue de la justice. Cette vertu est tellement vôtre, que par vos mérites et par le suffrage du genre humain, vous avez reçu le surnom le plus digne d'un si grand Roi, et que déjà en tous lieux vous êtes connu par la dénomination de Juste, non moins que par celle de Louis. Les titres tirés de la Crète, de la Numidie, de l'Afrique, de l'Asie, ainsi que d'autres nations vaincues, paraissaient beaux aux généraux romains. Mais combien le vôtre est plus illustre, puisqu'il vous représente comme l'ennemi partout, et le vainqueur toujours, non pas d'un peuple, non pas d'un homme, mais de ce qui est injuste! Les rois égyptiens ont pensé qu'il était grand d'être renommé pour avoir aimé, celui-ci son père, celui-là sa mère, tel autre ses frères. Mais ce ne sont là que les moindres faces de votre nom, qui embrasse dans son étendue non-seulement ces qualités, mais tout ce qui peut être imaginé de beau et d'honnête. Vous êtes juste, lorsque vous honorez, en l'imitant, la mémoire du Roi votre père, qui fut grand par-dessus tout ce qui peut être ainsi qualifié. Vous êtes juste, lorsque vous formez votre frère de toutes manières, mais en ne pouvant lui donner de meilleur enseignement que celui de votre exemple. Vous êtes juste, lorsque vous répandez sur vos sœurs l'éclat d'illustres mariages. Vous êtes juste, lorsque vous faites revivre des lois ensevelies naguère, et que, dans les limites de votre pouvoir, vous vous placez comme obstacle devant un siècle qui s'élance vers sa ruine! Vous êtes juste, mais en même temps vous êtes clément, lorsqu'aux sujets que l'ignorance de votre bonté avait détournés de la voie du devoir, vous n'enlevez rien si ce n'est la liberté de se rendre coupables; et lorsque vous ne faites aucune violence aux consciences pensant autrement que vous sur les choses de la religion. Vous êtes juste, et en même temps miséricordieux, lorsque vous faites cesser par votre puissance les douleurs des peuples opprimés, des princes abattus, et que vous ne tolérez point qu'il soit trop permis à la Fortune. Cette bienfaisance qui vous est particulière, et qui est semblable à celle de Dieu, autant que le souffre la nature humaine, me porte aussi à vous rendre des actions de grâce en mon nom privé, dans cette Dédicace publique. Car, de même que les corps célestes non-seulement pénètrent les grandes parties de l'univers, mais laissent descendre leur influence sur chacun des êtres animés; de même, vous, astre très-bienfaisant sur la terre, non content de relever les princes, de soulager les peuples, vous avez voulu aussi être pour moi, maltraité dans ma patrie, un secours et une consolation. Pour compléter l'enchaînement de toutes les vertus que comprend la Justice, il faut ajouter aux actions de votre vie publique, l'innocence et la pureté de votre vie privée, dignes d'être admirées, non-seulement par les hommes, mais encore par les esprits éthérés. Car, combien d'hommes faisant partie du peuple, et même, combien d'entre ceux qui se sont séparés du monde, se sont-ils mis à l'abri de toutes fautes, comme vous l'avez fait, vous qui êtes placé dans une situation à être assiégé de toutes parts par d'innombrables séductions! Quelle grandeur n'y a-t-il point à atteindre au milieu des affaires, dans la foule, à la Cour, au milieu de tant d'exemples si divers d'hommes qui commettent des fautes, cette perfection que la solitude accorde à peine, et souvent n'accorde point aux autres ? Mériter dès cette vie non-seulement le nom de *Juste*, mais aussi celui de *Saint*, que le consentement des personnes pieuses a décerné à Charlemagne et à Louis, vos ancêtres, après leur mort, c'est être *Très-Chrétien*, non-seulement par un titre attaché à sa race, mais par un droit qui vous appartient en propre. Aucune des faces de la Justice ne vous est étrangère; cependant, celle que concerne le sujet de ce livre, c'est-à-dire celle qui se rapporte aux choses de la guerre et de la paix, vous est particulièrement propre, en tant que vous êtes Roi, et Roi des Francs. Il est grand, ce royaume qui est à vous et qui s'étend, de l'une à l'autre mer, à travers de si vastes espaces de contrées prospères; mais vous avez un Empire plus grand que ce royaume : c'est que vous ne convoitez pas les royaumes d'autrui! Il est digne de votre piété; il est digne de votre haute fortune, de n'attenter par les armes au droit de personne; de ne point troubler d'anciennes frontières; mais, au sein de la guerre, de faire les affaires de la paix, et de ne commencer les hostilités qu'avec le désir de les terminer au plus tôt. Combien il sera beau, combien glorieux, combien il sera doux à votre conscience elle-même, de pouvoir dire avec confiance, lorsqu'un jour Dieu vous appellera dans son royaume, le seul qui soit supérieur au vôtre : « Cette épée que j'ai reçue de vous pour la défense de la Justice, je vous la rends intacte de tout sang témérairement répandu, pure et innocente! » Il arrivera ainsi que les règles puisées maintenant par nous dans les livres, ressortiront dans l'avenir de vos actions, comme du modèle le plus parfait. Ce sera la plus grande des œuvres; et cependant les peuples chrétiens osent exiger de vous plus encore. Ils attendent que faisant tomber de toutes parts les armes, la paix revienne par votre initiative non-seulement parmi les Empires, mais pour les

Églises, et que notre siècle apprenne à subir la discipline de cette époque qu'avec une foi vraie et sincère, nous autres chrétiens, nous reconnaissons avoir été chrétienne. Lassés de discordes, nos esprits sont portés vers cette espérance par la récente amitié qui s'est formée entre vous et le Roi de la Grande-Bretagne, ce roi si plein de sagesse et si passionné pour cette paix sainte : amitié scellée par le mariage de très-heureux augure de votre sœur. L'entreprise est difficile, à cause des passions qui, dans les deux partis, s'enveniment de jour en jour par des haines. Mais il n'y a de digne d'aussi grands rois que ce qui est difficile, que ce qui est désespéré pour tous les autres. Que le Dieu de paix, que le Dieu de Justice, ô Roi juste, ô Roi pacifique, comble Votre Majesté, qui se rapproche de la sienne, de tous les autres biens, et en même temps de cette gloire [1] !

1625.

[1] Cette dédicace n'avait jamais été traduite.

www.ingramcontent.com/pod-product-compliance
Ingram Content Group UK Ltd.
Pitfield, Milton Keynes, MK11 3LW, UK
UKHW021004200726
13857UKWH00004B/1270